ANNIKA STAHL

Landshuter Geheimnisse

SPANNENDES AUS DER HERZOGSTADT
MIT KENNERN DER STADTGESCHICHTE

MEDIENGRUPPE Attenkofer
Landshuter Zeitung

Stahl, Annika;
Landshuter Geheimnisse – Spannendes aus der Herzogstadt – mit Kennern der Stadtgeschichte

LANDSHUTER ZEITUNG in Kooperation mit:
Bast Medien GmbH, St. Ulrich-Str. 11, 88662 Überlingen (verantwortlich)
1. Auflage 2022
ISBN: 978-3-946581-87-1

Lektorat: Lena Bast
Covergestaltung: Melanie Kunze
Layout: Homebase - Kommunikation & Design, Melanie Kunze
Satz: Melanie Kunze
Druck: Mohn Media Mohndruck GmbH, Gütersloh

Ein Titel der preisgekrönten Reihe *Geheimnisse der Heimat*

Inhalt

Vorwort

Sehr geehrte Damen und Herren,
Städte sind faszinierende Strukturen. Sie sind nicht nur ein geografischer Ort, an dem Menschen zusammen leben, sondern sie existieren auch in der Zeit: Ihre meist lange Geschichte legt Schicht um Schicht Gebäude und Ereignisse aufeinander, die mal mehr, mal weniger im Erscheinungsbild und im Gedächtnis der Stadtgesellschaft verankert sind und jeder Stadt einen unverwechselbaren Charakter geben.

Zum vielschichtigen Bild einer Stadt gehört neben offiziellen Daten und Ereignissen auch der vielstimmige Chor der erzählten Geschichten und Anekdoten zu Personen, Orten oder Begebenheiten. So läuft man beispielsweise täglich daran vorbei, ohne die besondere Bedeutung einer Straßenecke zu beachten, aber es gibt Bürgerinnen und Bürger, die damit verbundene Geschehen kennen, die in keinem Geschichtsbuch und keinem Reiseführer stehen. Der Bast-Medien-Verlag hat es sich zur Aufgabe gemacht, diese „Geheimnisse“ zu sammeln und in einem Buch zusammenzustellen. Ich freue mich, dass der Verlag unter dem Motto „Wir schreiben Geschichte(n)“ in Zusammenarbeit mit der *Landshuter Zeitung* nun auch die Stadt Landshut für eine Ausgabe seiner Reihe ausgewählt hat. So wird die eine oder andere

Geschichte dem Vergessen entrissen und einer größeren Leserschaft zugänglich macht. Ich danke für ihr Engagement – Landshut als alte Herzogstadt hat Besucherinnen und Besuchern zahlreiche Sehenswürdigkeiten und mit der historischen Altstadt viel mittelalterliche Atmosphäre zu bieten. Lernen Sie nun auch Landshuts Geheimnisse kennen, die Sie tiefer in die Geschichte(n) der Stadt einführen.

Ich wünsche Ihnen viel Vergnügen beim Schmökern und freue mich, wenn Sie das Bändchen zu einem Besuch in unserer schönen Stadt anregt.

Ihr
Alexander Putz
Oberbürgermeister Stadt Landshut

Die Autorin

Dr. Annika Stahl, 1987 im schwäbischen Aalen geboren, studierte in Heidelberg und Frankfurt verschiedene archäologische Disziplinen. Nach zahlreichen Ausgrabungen in Nigeria promovierte sie 2019 im Fach Vor- und Frühgeschichte über die Bestattungssitten der *Nok-Kultur* des ersten vorchristlichen Jahrtausends. Während ihrer langjährigen Beschäftigung als wissenschaftliche Mitarbeiterin an der Goethe-Universität in Frankfurt konnte Annika Stahl beruflich wie privat ihrer Sehnsucht nach fernen Orten und fremden Kulturen nachgehen und dabei gleichzeitig ihren Wissensdurst stillen: von den Türmen des Schweigens der Zoroastrier im iranischen Yazd über antike Handelsrouten im Oman bis zu paläolithischen Höhlenfundstellen im südlichen Afrika. Doch der Wunsch, das gesammelte Wissen über die faszinierende Reise der Menschheit zu teilen, veranlasste die Archäologin, sich ihrer zweiten Leidenschaft – dem Schreiben – zu widmen. Als freiberufliche Autorin macht sie es sich seitdem zur Aufgabe, zwischen Wissenschaft und Leserschaft zu vermitteln und historische Fakten in „bekömmliche Happen" zu verwandeln. Für das vorliegende Buch hat sie sich in der Stadt Landshut auf die Suche nach Spuren aus der Vergangenheit gemacht.

01

Münzturm

Der Stein der Weisen

Sommer 1590: Auf einem Berberhengst reitet Marco Bragadino in die Stadt Landshut ein. Gehüllt in edle Stoffe und behängt mit prächtigem Goldschmuck hinterlässt der Edelmann beim Vorbeiziehen einen wohlriechenden Duft. Sein Diener folgt ihm. Nach seinem imposanten Eintreffen in der Burg Trausnitz wird er herzlich von Herzog Wilhelm V. (1548-1626) empfangen. Dort residiert Bragadino fortan und tut sich an Delikatessen gütlich – Fisch, Fleisch, Gebäck und fässerweise Wein, extra für ihn aus Italien und Zypern angeliefert. Seine Zeit vertreibt er sich mit der Entenjagd an der Isar oder er widmet sich der Kunst und Musik. Ab und an zieht er sich zurück, um seiner Arbeit nachzugehen. „In dem Turm", sagt Martin Hilz und zeigt auf den kleinen Bau mit spitzem Dach, „soll sein Laboratorium gewesen sein." In diesem Anbau, heute „Münzturm" genannt, verrichtet der Edelmann also seine Arbeit. Was er tun muss? Nicht viel – nur mithilfe des Steins der Weisen den Herzog von seiner Krankheit heilen und ihm Gold erschaffen. „Marco Bragadino war ein ‚Goldmacher', ein Alchimist", erklärt Martin Hilz, der seit 2007 das „Spektakel Landshut" organisiert.

Die erstaunliche Lebensgeschichte hat der Autor Ivo Striedinger in seinem Werk *Der Goldmacher Marco Bragadino* wissenschaftlich aufgearbeitet, indem er unzählige Briefe und Dokumente studierte, um so Wesen und Wirken des berühmten Alchimisten zu enthüllen: Diese „Goldmacher" waren im 16. Jahrhundert nichts Ungewöhnliches. Nach der Eroberung zahlreicher Länder durch die Konquistadoren verfügten die Spanier über Unmengen des beliebten Edelmetalls. Daher erhofften sich die Fürsten und Herren anderer Länder, für sich durch die Verwandlung von Metallen eine Quelle unbegrenzten Reichtums zu finden – mithilfe des „Steins der Weisen". Mehr noch, dieser sollte sogar Krankheiten und Unfruchtbarkeit heilen. Einer, von dem der Herzog glaubte, er kenne das von Gott geoffenbarte Geheimnis,

Der Münzturm befindet sich direkt an der Hangkante, dem großen, mit weiß-blauen Rauten geschmückten Wittelsbacher Turm vorgelagert.

war Marco Bragadino. Seine Künste hatte dieser vor seiner Ankunft in Landshut bereits in Venedig und anderen europäischen Städten unter Beweis gestellt – zumindest ließ er die Menschen in diesem Glauben. Denn tatsächlich war es eher so, dass er in Bayern eine Möglichkeit suchte, wieder nach Venedig zurückzukommen, nachdem er der Stadt zuvor den Rücken kehren musste.

Doch der Reihe nach. Wer war Marco Bragadino überhaupt? Oder eher: Wer war – denn das ist sein echter Name – Marco Mamugnà? Geboren wird Marco Mamugnà 1545 in Zypern, wo er einige Jahre verbringt, bis seine Familie nach Venedig übersiedelt. Dort beginnt die Karriere des Hochstaplers. Zunächst ändert Mamugnà auf geschickte Art seine Identität: Da es zu dieser Zeit legitim war, den Namen des jeweiligen Schutzherrn am Ende des eigenen als eine Art Zusatz zu führen, ergänzt er den seinen um den des Schutzherrn seiner Familie in Zypern – den Helden und Märtyrer Marcantonio Bragadino. Nach einer Weile verdreht Mamugnà die Reihenfolge beider Namen, kürzt den eigenen schließlich ganz aus seiner Anrede und siehe da: Geboren war Marco Bragadino. In Venedig erlernt er auch das nötige Handwerk für seine Betrügereien, nämlich die Kunst der Taschenspieler. Mit Erfolg, wie sich zeigen wird, denn er findet Geldgeber für seine „Künste". Doch nach einem Vorfall – bis heute ist unklar, was passiert ist – muss er Venedig verlassen. In vielen anderen Städten führt er sein falsches Spiel fort. Immer nach demselben Schema: Bei seiner Vorstellung demonstriert er potenziellen Geldgebern, wie er Metall in Gold verwandelt. Dazu schmilzt er Quecksilber in einem Tiegel, bis es flüssig ist, spricht ein „Vaterunser" und ein „Ave Maria" und löst sodann in dem Gefäß farbige Pülverchen auf. Damit diese beim Einfüllen nicht wegfliegen, umhüllt er sie mit Wachs, bevor er sie zum geschmolzenen Quecksilber hinzugibt. Wenn er die anschließend wieder abgekühlte und erhärtete Masse aus dem Tiegel holt, findet sich auf der Unterseite eine feine Schicht aus Gold! Ein Zeitgenosse vermutet, der Alchimist habe unauffällig Goldstaub aus dem Ärmel geschüttelt.

„Taschenspielertricks funktionieren immer nach demselben Schema", erklärt Martin Hilz, der sich als Organisator des Straßenkunstfestivals „Spektakel Landshut" mit dem Thema auskennt. Denn dort treten allerlei Künstler auf – auch Zauberer und Taschenspieler.

„Eine gute Show und ein bisschen Ablenkung, mehr braucht es nicht", ergänzt er. Die Ablenkung bei Bragadinos Vorstellung: Vor den Augen der Zuschauer wirft er stets einen Teil der verwendeten Zusätze weg, um deren Wertlosigkeit zu demonstrieren. Das bietet ihm den entscheidenden Moment der Unaufmerksamkeit. Denkbar ist auch, dass er Goldpartikel mit Wachs umhüllte und zu der Masse gab. So oder so – er versteht es, seine Zuschauer hinters Licht zu führen. Dabei kombiniert er seine ausgeprägte Suggestionskraft – er soll beispielsweise sehr ausdrucksvolle schwarze Augen gehabt haben – mit Skrupellosigkeit und einer großen Portion Fingerfertigkeit. Trifft er auf einen Verzweifelten, Leichtgläubigen oder jemanden mit ausgeprägtem Wunschdenken, so fallen seine Tricks auf fruchtbaren Boden.

Martin Hilz auf der Fürstentreppe am Hang zur Burg Trausnitz. Im Hintergrund ragt der Wittelsbacher Turm hinter den Bäumen hervor. Der Münzturm ist bei üppiger Vegetation von der Treppe aus nicht zu sehen.

Solch ein Verzweifelter ist der bayerische Herzog Wilhelm, der den Goldmacher an seinen Hof einlädt. Bragadino folgt dessen Ruf. Auf der Burg schwelgt er im Luxus und frönt dem Müßiggang, schließlich kann man es dort aushalten: Einige Jahre zuvor ließ der Herzog einige Räume im Stil der Renaissance umgestalten, einen Lustgarten für seine Angetraute, Renata von Lothringen (1544-1602), anlegen, hielt exotische Tiere und sorgte für allerlei Unterhaltung, was ihn ein Vermögen kostete – einer der Gründe für die Geldprobleme des Herzogs. Denn als Bragadino eintrifft, befindet sich das ganze Fürstentum in wirtschaftlicher Schieflage, die Schulden sind immens. Neben einer Lösung für seine finanziellen Nöte erhofft sich der Herzog, dass der Alchimist ihn durch seine Wundertaten von seinem Leiden, häufigen Kopfschmerzen, befreit. Zwar wird der Fürst vor dem Goldmacher, dessen Ruf ihm vorausgeeilt war, gewarnt, doch er will es nicht hören. Schließlich liegen ihm ja auch Empfehlungsschreiben vor – natürlich von Bragadino selbst beauftragt. Zudem ist Wilhelm der Alchemie gegenüber sehr aufgeschlossen.

So ist der Herzog wie Wachs in den Händen des Goldmachers, der ihn um enorme Summen erleichtert. In einem Brief vom 3. September 1590 schreibt er an einen Freund nach Padua: „Ich befinde mich bei diesem Fürsten von Bayern, einem Herrn voll der frömmsten Gedanken und Sitten und jeder einzigartigen Tugend, der mich liebt und so sehr meine völlige Zufriedenheit wünscht, dass ich wirklich sagen kann, ich sei der eigentliche Herr und Gebieter, ja noch mehr sagen könnte, wenn ich es wagte." Bragadino verweilt allerdings nur wenige Wochen in Landshut, denn im Oktober erreicht Wilhelm die Nachricht, seine Mutter, Anna von Österreich (1528-1590), liege im Sterben. So reist der Hof – und mit ihm der Goldmacher – nach München, wo sich seit 1579 der eigentliche Sitz des Herzogs befindet.

Die mächtige Front der Burg Trausnitz: Ganz links der Wasserturm, in der Mitte der Wartturm und auf der rechten Seite, unterhalb des großen Wittelsbacher Turms, der Münzturm.

Recht genießen kann Bragadino allerdings weder Landshut noch München. Er will zurück nach Venedig. Dort erwartet ihn aber – neben seinen vielen verprellten Geldgebern – ein anderes Problem: Nachdem der Heuchler zeitweise im Kapuzinerorden in Rom untergekommen war, Weihen empfing und dann flüchtete, droht ihm nun die Exkommunikation. Nur die Aufhebung der anstehenden Strafe und die Befreiung von seinen Gelübden durch den Papst kann ihm aus dieser Situation helfen. Immerhin gelingt es ihm, damit den Herzog hinzuhalten: Er behauptet, ohne die ihm von Gott verliehenen Talente verfüge er nicht über seine alchimistischen Kräfte. Doch die Zeit spielt gegen Bragadino. Er kann keine Ergebnisse liefern, und die durch ihn verursachten Ausgaben mehren sich stetig – denn im Rahmen seiner „Goldmacherei" verschafft er dem Fürstentum kein bisschen Reichtum, sondern erleichtert es stattdessen um beträchtliche Mengen Goldes.

So kommt es, dass nicht der verblendete Herzog – der dem Günstling noch immer jeden Wunsch erfüllt –, sondern dessen Vertraute dem schamlosen Treiben des Alchimisten ein Ende setzen. Auf Initiative Ferdinands (1550-1608), Bruder des Herzogs, sowie der Räte und Landstände wird Marco Mamugnà alias Bragadino am 24. März 1591 verhaftet – hinter Wilhelms Rücken. Nach seiner Inhaftierung wendet sich der Goldmacher in einem letzten Versuch an die Jesuiten, die Einfluss auf den Herzog haben. Diese retten zwar sein Seelenheil, schützen ihn aber nicht vor der weltlichen Strafe: Um sich der grausamen Folter zu entziehen, muss er gestehen – sein umfangreiches Bekenntnis, dass er die ganze Zeit ein falsches Spiel getrieben hat, betrogen und gelogen hat, überzeugt schließlich auch den Herzog von Mamugnàs wahrem Wesen. Letztendlich kostet den vermeintlichen Goldmacher ausgerechnet seine eigene Goldgier das Leben, nicht einmal ein Jahr nach seiner Ankunft in Landshut im Sommer 1590: „Am 26. April 1591 wurde der Goldmacher in München mit dem Schwert hingerichtet", sagt der Landshuter Martin Hilz.

„Am 26. April 1591 wurde der Goldmacher in München mit dem Schwert hingerichtet."

Wer sich selbst – bewusst und freiwillig – einmal hinters Licht führen lassen wolle, merkt der Landshuter an, könne ja das Spektakel besuchen und sich von der Magie der Straßenkunst verzaubern lassen. Aber keine Sorge, betrogen und bestohlen wird dort niemand!

So geht's zum Münzturm:

Der Münzturm ist gut von der Fürstentreppe aus zu sehen, die von der Alten Bergstraße hinauf zum Inneren Torwarthaus der Burg Trausnitz führt.

Einhemmstelle

Bitte langsam fahren

Wer mit dem Auto unterwegs ist, wird bestätigen können, dass Deutschland ein „Schilderwald" ist. Vorfahrtsschilder, Parkverbotshinweise, Umleitungen, Geschwindigkeitsbegrenzungen – die Liste ist lang. Ein solcher Hinweis findet sich auch hier am Burghauser Tor, an dem auf der Südseite eine steinerne Reliefplatte eingemauert ist. Allerdings aus einem anderen Jahrhundert! „Einhemmstelle", liest Albrecht Schöllhorn-Gaar vor, was dort geschrieben steht. Unter dem Schriftzug ist eine Art Schlitten dargestellt, an dem eine Kette hängt. „Das ist ein altes Verkehrsschild", erklärt der Anwalt, der sich nicht nur mit Pferderecht und Reitkunst auskennt, sondern auch mit der Geschichte der edlen Geschöpfe. „Es ist ein Hinweis, dass der Kutscher an dieser Stelle seinen Wagen *hemmen* soll." Denn an steilen Hängen wie hier an der Einfahrt zur Stadt stellte es eine besonders große Gefahr dar, dass die Räder unkontrolliert losrollten und den Wagen zum Stürzen brachten. Um das zu verhindern, sollte der „Bremsschuh" angebracht werden – ein Hilfsmittel, das auf der Reliefplatte dargestellt ist und in *Meyers Konversationslexikon* aus dem ausgehenden 19. Jahrhundert beschrieben wird: „Die ältere Form des Hemmschuhs ist eine schuhähnliche hölzerne oder eiserne Rinne, welche beim Bergabfahren unter das eine Hinterrad geschoben und dort mittels einer Kette befestigt wird." Dadurch blockierte dieser Hemmschuh die Räder, der Wagen wurde nun rutschend – statt rollend – nach unten gebracht.

Ein wichtiger Hinweis, denn durch das Burghauser Tor – auch als „Hutertor" bekannt – führte eine bedeutende Route des Salzhandels, welcher der Stadt im 15. Jahrhundert zu beträchtlichem Reichtum verhalf. Abgesehen von der Strecke, die von Oberitalien über München nach Landshut, und weiter nach Regensburg verlief, gab es eine weitere, die von Burghausen kommend durch das gleichnamige Tor in die Stadt führte. Die Verbindung nach Burghausen war für Landshut nicht

Als Pferdebesitzer kennt sich Albrecht Schöllhorn-Gaar mit der Geschichte rund ums Pferd aus.

nur wegen des Handels bedeutend, sondern auch deshalb, weil sich dort der zweite große Residenzsitz der niederbayerischen Herzöge befand. Während die Burg in Landshut der Standort von Regierung und Verwaltung war, stellte die Burg zu Burghausen den Familiensitz dar, auf dem beispielsweise auch die berühmte Braut Hedwig nach ihrer „Landshuter Hochzeit" lebte. Wahrscheinlich stammt das Burghauser Tor, eingelassen in die nach Osten zur Burg Trausnitz führende Mauer, aus der Mitte des 15. Jahrhunderts. Seine jetzige Gestalt hat es etwa um 1800 erhalten.

„Oft wird heute vergessen", merkt Pferdeliebhaber Albrecht Schöllhorn-Gaar an, „was für ein bedeutendes Verkehrsmittel der Wagen in der Vergangenheit war." Jahrtausendelang stellte er das schnellste Mittel zum Waren- und Personentransport dar, von den frühen bronzezeitlichen Wägen bis zu den Kutschen der Neuzeit. Erst die Motorisierung revolutionierte den Verkehr – und führte zum „Schilderwald". Doch damals funktionierte der Verkehr ohne unzählige Hinweisschilder, auch im Mittelalter, als Lesen noch eine Fähigkeit war, die nur wenige beherrschten. Reisende orientierten sich an markanten Punkten in der Landschaft wie Bergrücken oder aufgestellten Markierungen in Form von Holzkreuzen, Bildstöcken oder Kapellen. Fand sich in späterer Zeit ein geschriebener Hinweis wie hier an der „Einhemmstelle", dann hatte das einen triftigen Grund. „Verkehrsschilder wurden nur dort angebracht", beteuert Albrecht Schöllhorn-Gaar, „wo es *wirklich* nötig war."

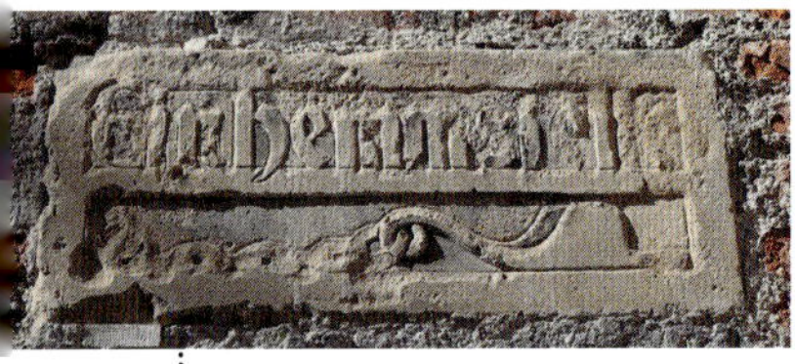

Die Reliefplatte zeigt unter dem Hinweis „Einhemmstelle" eine Art Schlitten, an dem eine Kette angebracht ist.

So geht's zur Einhemmstelle:

Die Reliefplatte befindet sich am Ende der Alten Bergstraße auf der rechten Seite des Burghauser Tors, das westlich der Burg Trausnitz liegt.

Gerhard Tausche und Isabella Denk haben Gelegenheit, aus nächster Nähe einen Blick auf die Kanonenkugel zu werfen.

03

Kanonenkugel

Dem Mythos auf der Spur

„Wer kennt sie nicht, die Kanonenkugel in der Martinskirche?", fragt Dr. Isabella Denk. Vor allem für Kinder, ergänzt die Stadtarchäologin, sei es ein Spaß, das Relikt zu suchen. Die kleine Kugel, die in etwa 20 Metern Höhe in der Südfassade des Kirchenschiffs steckt, ist von unten nämlich gar nicht so einfach zu entdecken. „Die Kugel stammt vermutlich von den österreichischen Truppen, die 1809 in Landshut gegen Franzosen gekämpft haben", erklärt ihr Kollege Stadtarchivar Gerhard Tausche und ergänzt die andere Möglichkeit, dass sie aus dem Schwedenkrieg stamme, als feindliche Truppen 1634 zwei Operationsbasen vor der Stadt hatten und von dort mit Kanonen die Menschen und die Stadt beschossen (siehe Geheimnis Schwedensäule).

Die wahrscheinlichere Option, meint Gerhard Tausche, sei allerdings das Gefecht während der Napoleonischen Kriege: Bereits wenige

Tage, nachdem Österreich am 9. April 1809 Frankreich den Krieg erklärt hatte, erreichten die österreichischen Truppen auf ihrem Vormarsch Landshut und Moosburg. Ein Angriff drohte, da das von Napoleon Bonaparte (1769-1821) zum Königreich erhobene Bayern mit dem französischen Kaiser verbündet war. Deshalb erhielt Bernhard Erasmus von Deroy (1743-1812), General der bayerischen Armee, den Befehl, die Isarübergänge zu besetzen und den Vormarsch des Feindes zu verzögern. Den Österreichern gelang es allerdings, am 16. April den Fluss zu überqueren und General Deroy, der sich mit seinen Truppen nach Abensberg zurückgezogen hatte, zu verfolgen. Dort wurden die feindlichen österreichischen Truppen jedoch nicht nur von der bayerischen Division, sondern auch von der französischen Armee erwartet und nach Landshut zurückgedrängt. „Am 21. April kam es dann zur entscheidenden Begegnung. In erbitterten Kämpfen in der Stadt siegten die französischen Truppen über die Österreicher", schildert der Leiter des Stadtarchivs die Ereignisse. Und so, ergänzt er, habe die Kanonenkugel schließlich ihren Weg in das Gemäuer der Kirche gefunden – das war zumindest lange seine Meinung.

Die Kanonenkugel blieb nicht bei einem Angriff im Gemäuer stecken, sondern wurde offenbar eingemauert.

Bis sich ihm und seiner Kollegin Isabella Denk im Frühjahr 2022 eine einmalige Gelegenheit bot: Für die Sanierung der Kirchenfenster wurde die südliche Fassade eingerüstet. Somit war es der Archäologin und dem Stadtarchivar möglich, die Kanonenkugel aus nächster Nähe zu begutachten. Beide hatten das Relikt bis dato nur aus großer Entfernung sehen können. „Endlich konnten wir dem Mythos nachgehen", freut sich Gerhard Tausche, dem Mythos nämlich, die Kugel habe bei Kampfhandlungen die Kirchenwand getroffen und sei darin stecken geblieben. Denn in den

Aufzeichnungen des Stadtarchivs, merkt er an, fänden sich keinerlei Hinweise zu dieser Kanonenkugel.

Was Isabella Denk und Gerhard Tausche dort vorfanden, enthüllte die Mystifizierung endgültig: „Das Geschoss war nicht im Gemäuer eingeschlagen und stecken geblieben", erklärt Gerhard Tausche, „sondern eingemauert worden!" Seine Kollegin Isabella Denk ergänzt: „Es gibt keine Spuren vom Aufprall, kein zerstörtes Gemäuer, keine zerschlagenen Ziegelsteine. Es ist offensichtlich, dass die Kanonenkugel eingemauert wurde", bestätigt sie.

„Es ist offensichtlich, dass die Kanonenkugel eingemauert wurde."

Ob das Relikt aus der Zeit des Schwedenkriegs oder dem Gefecht zwischen Österreich und Frankreich stammt, ist nicht zweifelsfrei geklärt. Auch nicht, wer das Relikt wann dort eingemauert hat. Doch endgültig geklärt ist, dass das Geschoss dort in keinem Fall stecken geblieben war. „Möglich ist, dass die Kugel an der Fassade einschlug und danach einfach aufbewahrt worden war", überlegt Isabella Denk. „Später wurde sie möglicherweise als Erinnerung eingemauert, als der Schaden am Mauerwerk wieder repariert worden war." Zwar sei es schade, dass der Blick auf die Kugel durch die Baumaßnahmen für einige Zeit verdeckt bleibe, aber die Stadtarchäologin und Stadtarchivar Gerhard Tausche sind dankbar für die Gelegenheit, die stadtbekannte Kugel einmal ganz aus der Nähe sehen und untersuchen zu können. „Das macht das Relikt nicht weniger aufregend", findet Isabella Denk. Die Suche nach der Kanonenkugel mache trotzdem Freude – egal wie sie ihren Weg in das Gemäuer gefunden hat.

So geht's zur Kanonenkugel:

Das Relikt steckt in etwa 20 Metern Höhe am Übergang vom Mittelschiff zum Chor in der südöstlichen Fassade der Martinskirche.

268

Markuslöwe

Luxusgüter aus der Ferne

Wer heute durch die Gassen der Landshuter Innenstadt bummelt oder auf dem direkten Weg in ein spezielles Geschäft ist, erkennt recht schnell, wo sich welche Waren finden lassen. In großen Lettern steht auf den meisten Fassaden geschrieben, was sich dahinter befindet und welche Produkte dort verkauft werden. In der Schirmgasse verrät ein Schild aus Terrakotta, was dort angeboten oder zumindest, mit welchen Waren gehandelt wird – allerdings nicht heute, sondern im 15. Jahrhundert. „Stolz präsentiert sich dort ein geflügelter Löwe mit zotteliger Mähne, der in seiner mächtigen Pranke ein Spruchband hält", beschreibt Christoph Thoma die Tierfigur. „Es ist der Markuslöwe, das Wahrzeichen Venedigs", erklärt der Journalist und Buchautor. Das Symbol der einstigen Seemacht also hier – an einem Haus in der Innenstadt von Landshut? „Im späten Mittelalter hatte Landshut Kontakte nach Venedig", erläutert er. Mehr noch, hier, in der niederbayerischen Stadt, seien Originalprodukte der italienischen Stadt bezogen und verkauft worden.

Grundlage dafür, dass exotische Waren aus fremden Ländern einmal ihren Weg bis in das niederbayerische Herzogtum finden sollten, waren die venezianischen Kaufmannsfamilien des 13. Jahrhunderts, aus denen heraus sich im Laufe der Zeit Handelsgesellschaften bildeten, wie Arne Karsten in *Kleine Geschichte Venedigs* schreibt. Waren die Händler zuvor noch selbst an Bord der Schiffe gegangen, schickten sie später vermehrt Stellvertreter. So konnten die Kaufleute mehrere Vorgänge parallel abwickeln: schon damals ein profitables Geschäft, in das viele Bürger der Stadt investierten. Doch es war auch mit großen Risiken verbunden, seien es schwere Stürme auf See oder die permanente Gefahr durch Piraterie – selbst in Friedenszeiten. Bald fuhren die Schiffe im Konvoi, bewaffnet und in Begleitung von Kriegsschiffen, und erreichten auf dem Seeweg weit entfernte Länder und Städte, fuh-

Christoph Thoma vor dem Haus mit dem Markuslöwen, in dem Kaufleute mit Waren aus Venedig handelten.

ren nach Konstantinopel und bis ans Schwarze Meer sowie entlang des östlichen Mittelmeers nach Syrien und Ägypten.

So viel Umsatz und Gewinn verlangte bald nach einem guten Kontrollsystem in Venedig. Fortan spielte sich der Handel dort in *fondachi* ab, das waren Anwesen, die als Warenbörse, Lagerhalle und Herberge zugleich dienten. Der *fondaco dei tedeschi* war der Handelshof der Deutschen, der seit 1228 belegt ist. Dort mussten die Kaufleute nach ihrer Ankunft absteigen und – natürlich – erst einmal entsprechenden Zoll entrichten. In dem Anwesen verweilten sie teilweise monatelang, bis sie alle anstehenden Geschäfte getätigt hatten. Bei diesen wurden sie allerdings auf Schritt und Tritt von einem *sensal* begleitet, einem staatlichen Makler. Er agierte als Dolmetscher und führte penibel Buch, um später die anfallenden Gebühren zu verlangen: eine Win-win-Situation, das Geschäft lohnte sich für beide Seiten.

Doch im „Deutschen Haus" spielten sich auch andere Dinge ab, es war mehr als nur eine Unterkunft für die Kaufleute aus den unterschiedlichsten deutschen Städten. Die Tischordnung an der großen Tafel, an der gemeinsam gespeist wurde, hatte große symbolische Bedeutung: Sie entsprach den politischen Verhältnissen und machte außerdem deutlich, wer die Leitung des Hauses innehatte. Zu Beginn vertreten waren beispielsweise die Regensburger und Nürnberger. „Früh im 15. Jahrhundert, der Blütezeit Venedigs, saßen auch Landshuter mit am Tisch", merkt Autor Christoph Thoma an. Einer davon war der Bankier und Großkaufmann Walther vom Feld (gestorben 1491). Er erwarb in dieser Zeit Waren aus Venedig, und zwar für ein ganz spezielles Großereignis, das am 14. November 1475 stattfand: die Hochzeit zwischen dem Herzogssohn Georg (1455-1503) und der polnischen Prinzessin Hedwig (1457-1502).

„Dank des zeitgenössischen Klosterschreibers Hans Seybold, der die berühmte Landshuter Hochzeit des Jahres 1475 detailliert beschrieben hat, sind viele Details rund ums Fest bekannt", erklärt Christoph Thoma, der mehr als 20 Jahre lang Turniersprecher des großen Historienfestes „Landshuter Hochzeit 1475" war. Durch Rechnungen sei belegt, welche Mengen an Textilien gekauft wurden, darunter Materialien für Gewänder, Decken, Beiwerk und vieles mehr. „Walther vom Feld kaufte in Venedig Stoffe für Unsummen, darunter kostbare Seide", fährt Christoph Thoma fort, „Venedigs Exportschlager schlechthin." Neben den feinen Stoffen erwarb er auch Perlen sowie verschiedene „Spezereien". Aus dieser Zeit stammt auch der Markuslöwe. Im vergangenen Jahrhundert war auf dem Spruchband noch die Jahreszahl *1478* sichtbar – neben einer Inschrift, die leider nicht überliefert ist. Von den Besitzern aus dieser Zeit ist ebenfalls nichts bekannt, erst ab 1493 war das Anwesen im Besitz der Patrizierfamilie Kreidenweiß. Doch sicher ist, dass in dem Haus zuvor der Handel mit Venedig florierte, wie der Markuslöwe verrät.

„Walther vom Feld kaufte in Venedig Stoffe für Unsummen, darunter kostbare Seide, Venedigs Exportschlager schlechthin."

Dieser ist übrigens deswegen das Wahrzeichen Venedigs, weil sich die Gebeine des Evangelisten Markus, dessen Symbol der geflügelte Löwe ist, in der Stadt befinden. Laut der Legende hatten venezianische Seefahrer seine Gebeine aus Alexandria entwendet, um sie vor dem dortigen muslimischen Herrscher zu schützen. Als sie die Reliquien bei der Ausfuhr über See schmuggeln wollten, nutzen sie einen Trick, wie Arne Karsten schreibt: „Sie bedeckten die Knochen des Evangelisten kurzerhand mit Schweinefleisch, was dazu führte, dass die Wachen die kostbar-abstoßende Fracht mit dem Ausruf echten Ekels ‚Kanzir, Kanzir!' (‚Schwein, Schwein!') passieren ließen."

Als Wahrzeichen Venedigs wird der geflügelte Löwe mit einem offenen Buch, manchmal auch mit einer Spruchrolle als Attribut dargestellt. Angebracht an einer Fassade in der Landshuter Innenstadt, erinnert er an die Kontakte mit Venedig und die feinen Waren, die ihren Weg nach Niederbayern fanden.

So geht's zum Markuslöwen:

Die Terrakotta-Darstellung hängt direkt gegenüber der Zwerggasse über dem Hauseingang in der Schirmgasse 268.

Am Weinberg

05

Weinberg

Dreimännerwein oder Gaumenfreude?

Er selber trinke auch gern Wein, gesteht Florian Schneider, vor allem Weißwein. Beispielsweise einen Silvaner aus Franken oder einen Riesling aus der Pfalz. Ein Tröpfchen aus Landshut eher nicht. Moment! Wein aus Landshut? Gibt es das überhaupt? „Kommerziell wird in Landshut kein Wein hergestellt. Es gibt jedoch durchaus Hobby-Züchter wie den Verein der Weinzierlbruderschaft Achdorf-Berg", erklärt er. „Spannend ist aber, dass es vor ein paar Jahrhunderten ganz anders aussah. Zu der Zeit war Wein in der Gegend ein großes Thema!" Hinter Straßennamen wie „Am Weinberg" oder „Weinzierlstraße" steckt also mehr, als man zunächst vermuten mag.

Nicht nur der Genuss von Wein, sondern auch der Anbau der Pflanze reicht in der Region weit zurück, möglicherweise bis in die Antike. Auch wenn sich die Römer in Landshut nur vereinzelt niederließen, so errichteten sie entlang der Donau, der einstigen Grenze ihres Imperiums, doch bedeutende Militärstützpunkte. Nicht unwahrscheinlich ist, dass sie dort an warmen Hängen Weingärten anlegten. Denn dass Kaiser Probus (232-282 n. Chr.) während seiner Regentschaft den Weinbau in den römischen Provinzen förderte, ist belegt. Der Geschichtsschreiber Plinius der Ältere (23/24-79 n. Chr.) notierte bereits im 1. Jahrhundert n. Chr., dass speziell für raueres Klima sogar Neuzüchtungen entwickelt worden seien. Handfeste Beweise gibt es seit dem frühen Mittelalter: „In Landshut lässt sich der Weinbau bis in das 10. Jahrhundert nachverfolgen", erklärt der Weinkenner. Für das Jahr 973 n. Chr. sind Weingärten in Beutelhausen, wenige Kilometer östlich von Landshut, nachgewiesen. „Die Blütezeit des beliebten Getränks beginnt in Altbayern, also in Ober- und Niederbayern sowie der Oberpfalz – und somit auch in

„In Landshut lässt sich der Weinbau bis in das 10. Jahrhundert nachverfolgen."

Weinkenner Florian Schneider interessiert sich nicht nur für das beliebte Getränk, sondern auch für die Geschichte des Weinbaus in der Region.

Landshut, jedoch im späten Mittelalter", fährt der Landshuter fort, „etwa ab dem 13. Jahrhundert."

Zahlreiche Urkunden belegen, dass an vielen warmen Standorten in ganz Altbayern Reben wuchsen: in sogenannter Streulage, also überall dort, wo es günstige Bedingungen gab. Solche Gunstlagen fanden sich beispielsweise an den Südhängen der Stadt wie dem Klausenberg, dem Buchberg, dem heutigen Krankenhausberg und vor allem entlang der Neuen Bergstraße – wie hier „Am Weinberg", wo bereits für das Jahr 1240 Weingärten nachgewiesen sind. Und eben diese Streulagen sind der Grund, wieso solche Ortsbezeichnungen überhaupt zustande kamen: Denn überall dort, wo die Pflanze flächendeckend angebaut wird, sind solche Namensgebungen überflüssig. Aber hier, wo Weinhänge nur vereinzelt vorzufinden waren, stellte ein mit Reben bedeckter Südhang durchaus einen markanten Ort dar.

Sein Wissen über die Geschichte der Kulturpflanze hat Florian Schneider aus dem Buch *Weinbau in Altbayern* von Theodor Häußler. Die verstärkte Nutzung der Pflanze, so erklärt es der Autor des Buchs, lag unter anderem an dem wiederkehrenden Verbot, Bier zu brauen, das beispielsweise König Ludwig der Bayer (1282/1286-1347) im Jahr 1317 wegen Missernten erlassen hatte. Brotgetreide war damals schlichtweg wichtiger als Braugetreide – nicht verwunderlich also, dass in früherer Zeit in Altbayern deutlich mehr Wein als Bier getrunken wurde. Weit mehr sogar: Das edle Tröpfchen war im Mittelalter das eigentliche Volksgetränk! Doch wie „edel" war denn der Wein aus Landshut?

„Eine traditionelle Sorte in Altbayern war der ‚Weiße Elbling', der zu den ältesten Rebsorten in Deutschland zählt."

„Eine traditionelle Sorte in Altbayern war der ‚Weiße Elbling', der zu den ältesten Rebsorten in Deutschland zählt", erklärt der Weinkenner. „Er hat den großen Vorteil, dass seine Bodenansprüche gering, seine Erträge aber sehr hoch sind. Heutzutage hat die Sorte allerdings keine Bedeutung mehr." Sie wird zwar noch vereinzelt an der oberen Mosel angebaut, findet aber sonst kaum Beachtung. Vor allem nicht in Bayern. Nicht nur, aber auch seines Rufes wegen: Aufgrund seiner hohen Säurewerte erhielt er den Namen „Dreimännerwein". Denn beim Genuss des Weines, so die Sage, schüttele es den

Trinkenden so, dass zwei weitere Männer zum Festhalten gebraucht wurden. Oder, so heißt es auch im Volksmund: Es brauche einen Mann, um dem Trinkenden den Mund aufzureißen und einen weiteren, um ihm die Flüssigkeit einzuflößen.

Um also die geschmacklichen Defizite zu beheben, machten sich vielerorts Panscher daran zu schaffen. Der Obst- und Weinkenner Gottfried von Franken schildert im 14. Jahrhundert die Tricks der Tavernenbesitzer. Beispielsweise boten sie Kunden, die nach einer Kostprobe verlangten, zunächst Nüsse und alten, salzigen Käse an. So schmeckte der Wein anschließend süßer. Erfahrene Weinkenner rieten deshalb dazu, zum Trinken nur in Wasser getränktes Brot zu essen. Getrickst wurde außerdem mit Honig, um den Wein zu versüßen. Maulbeeren oder Kirschen dienten zum Rotfärben und mit Safran ließ sich Weißwein aufhübschen.

Dass der Wein eine sehr säuerliche Note hatte, liegt an den geografischen Gegebenheiten, insbesondere an den Böden und dem Klima. Denn die europäische Wildrebe wuchs eigentlich – insbesondere im Mittelalter – in deutlich südlicheren Regionen. Säurebetonte und alkoholärmere Weißweine gelingen jenseits des eigentlichen Verbreitungsgebiets der Rebe schlichtweg besser, wohingegen in südlicheren und wärmeren Gebieten der Weißwein mit zunehmendem Alkoholgehalt häufig sein feines Aroma verliert. Die Stärke des deutschen Weinbaus liegt also beim Weißwein, „wobei es natürlich auch sehr gute Rotweine gibt", ergänzt der Landshuter. Hatten die Menschen also – entsprechend der Legende – damals einfach keine Ansprüche an den Geschmack? Zu Beginn mögen sie vielleicht durchaus gering gewesen sein. Doch mit dem verstärkten Fernhandel im 13. Jahrhundert erreichten Rotweine das Land, die den Gaumen der Bevölkerung zunehmend schulten. Wer es sich zu der Zeit leisten konnte, bevorzugte fremdländischen roten Wein gegenüber dem einheimischen hellen Tröpfchen. Dennoch, so „rot-weiß" war die Angelegenheit nicht: Es gibt Hinweise auf exzellente Jahrgänge lokalen Weins. Und vieles spricht dafür, dass der Weißwein gar nicht so ungenießbar gewesen sein kann. Bestes Beispiel: die Landshuter Hochzeit 1475.

Ein Fest, an Aufwand und Pracht nicht zu übertreffen, die Mengen an Speisen und Getränken maßlos. „170 große Fässer, insgesamt 6.173

Eimer Wein (ca. 370.000 Liter!) wurden dabei getrunken. Der Großteil davon, 5.616 Eimer, war ‚gemeiner Tischwein', wahrscheinlich einheimischer Baierwein", schreibt Theodor Häußler. Wobei die besseren Weine natürlich dem Hof vorbehalten waren. Die Mitglieder des Hofes hatten bereits früh ihre Vorliebe für ausländische Weine entdeckt. Sicherlich auch, um sich von dem gemeinen Volk, das sich diesen oft nicht leisten konnte, abzugrenzen. Dank Förderern wie Herzog Friedrich der Weise (um 1339-1393) begann bereits im 14. Jahrhundert der Anbau an den Hängen der Burg, darunter auch eingeführte Burgunderreben. Welcher Wein am Landshuter Hof auch immer getrunken wurde – lokal oder importiert –, für das Jahr 1470 ist überliefert, dass pro Tag unglaubliche 531 Liter Wein in den Krügen und Kelchen serviert wurden. Um 1580 sollen am Hofberg fast 200 Weingärten existiert haben. So viele Reben benötigen natürlich auch entsprechend Platz. Kein Wunder, dass 1541/42 im äußeren Burghof ein riesiger Weinkeller angelegt wurde, in dem sich noch heute ein besonderer Schatz befindet: „Dort lagert ein riesiges Weinfass", sagt der Weinliebhaber und ergänzt: „Mit einem Fassungsvolumen von etwa 78.000 Litern!" Als Größtes von ursprünglich drei solchen mächtigen Fässern umfasste der Keller einen Weinvorrat von beinahe 200.000 Litern.

Straßennamen wie „Am Weinberg" oder „Weinzierlstraße" verweisen auf den einstigen Anbau an den Südhängen Landshuts.

Doch trotz des riesigen Erfolgs des beliebten Getränks begann mit Anbruch der Neuzeit um 1600 der Niedergang des Weinbaus in Altbayern. Als entscheidender Faktor wird oft die „Kleine Eiszeit" herangezogen, die – je nach Region – vom 15. bis ins 19. Jahrhundert andauerte. In Altbayern litten die Reben insbesondere von 1553 bis 1628 unter einer Kältephase. Aber das Klima war nicht das einzige Problem: Der Dreißigjährige Krieg (1618-1648) führte ebenfalls zu einem starken Rückgang. In vielen Gegenden blühte der Weinbau nach Ende des Krieges zwar wieder auf, jedoch nicht in Altbayern. Das veränderte Klima, die Kriege und Steuern in Kombination mit der gestiegenen Nachfrage in der Zeit des Barock machten Wein schließlich zum Luxusprodukt, das ausschließlich höheren Ständen vorbehalten war.

Zu Beginn des 19. Jahrhunderts fand schließlich die letzte Lese in den kurfürstlichen Weingärten statt und der Weinbau beschränkte sich nun auf spärliche Standorte mit wenigen Rebstöcken. Auch die im Mittelalter gegründete Landshuter Weinzierlbruderschaft löste sich 1863 auf. Heute wird sie als Verein fortgeführt, der den Schauweingarten im Hofgarten betreibt. Dort bauten die Mitglieder 2016 sowohl moderne als auch alte Rebsorten wieder an. „Mittlerweile sind saure Weinsorten nicht mehr so ein Problem. Wir haben eine viel effektivere Technik, eine bessere Rebwahl sowie günstigeres Klima", erklärt Florian Schneider. Vielleicht gibt es also doch bald einen edlen Tropfen Landshuter Weißwein – und der kann dann in jedem Fall getrunken werden, ohne dabei auf die Hilfe von zwei weiteren Männer angewiesen zu sein!

„Mittlerweile sind saure Weinsorten nicht mehr so ein Problem. Wir haben eine viel effektivere Technik, eine bessere Rebwahl sowie günstigeres Klima."

So geht's zum Weinberg:

Die Straße liegt südlich des Hofgartens zwischen der Neuen Bergstraße und der Weinzierlstraße.

Die Vorsitzenden des Vereins „Freunde der Altstadt Landshut e.V." Josef Wiesmüller (rechts) und Thomas Stangier und vor der Fassade des Landschaftshauses.

06

Wittelsbacher

Alles nur Fassade?

Große Männer, die große Taten vollbracht haben: von Otto I. (1120-1183) – ganz links oben –, mit dem die Herrschaft der Wittelsbacher in Bayern begann, zu Maximilian I. (1573-1651) – ganz rechts unten –, der es zum Kurfürstentum führte. Auffällig zwischen Dreifaltigkeitsplatz und Altstadt gelegen, präsentiert das Landschaftshaus auf seiner komplett bemalten Fassade die Genealogie der Wittelsbacher und würdigt 30 Männer dieses berühmten Herrschergeschlechts. „Der Schein trügt aber auch", deutet Josef Wiesmüller an, Architekt und 1. Vorsitzender des Vereins „Freunde der Altstadt Landshut", erklärt aber zunächst, was das Landschaftshaus überhaupt ist. Der Begriff „Landschaft“ habe in diesem Kontext nämlich nichts mit Natur zu tun, sondern mit den Landständen, die Adel, Geistlichkeit und Bürger repräsentieren. „Als die niederbayerischen Stände das Haus 1557 erwarben und wenig später um die beiden angrenzenden Nebengebäude erweiterten – so wie es sich heute in seiner vollen Breite präsentiert –, ernannten sie es 1597 zum Landschaftshaus“, erläutert Wiesmüller den Hintergrund. Hier versammelten sich die Vertreter der Landstände des ganzen Herzogtums Niederbayern, bis das Landschaftshaus Sitz der Ständekammer wurde, in der Beamte im Interesse der Landstände agierten. Erst mit der Gründung des Königreichs Bayern 1806 endete die Nutzung des Landschaftshauses: Das königliche Postamt bezog das Gebäude, das daher auch „Alte Post“ genannt wird.

Nach Gründung des Landschaftshauses erhielt das Anwesen seine Bemalung. „Der Entwurf der freskobemalten Fassade stammt von Hans Pachmayr und wurde von Hans Georg Knauf 1598 umgesetzt“, merkt Thomas Stangier, Kunsthistoriker, kommissarischer Leiter der Städtischen Museen und ebenfalls Vereinsvorsitzender der „Altstadtfreunde“ an. „1768 wurde sie durch Simon Wolfgang Krätz restauriert“, fährt der Kunsthistoriker fort. Die letzte Restauration der Fassade fand 1972 durch Bernhard Kellhammer (1933-2020) statt, der nach dem Zweiten Weltkrieg viele Kirchen und Schlösser restaurierte, darunter auch das Landschaftshaus – wobei Landshut, abgesehen von der Zerstörung des Bahnhofs, vom Krieg weitestgehend verschont geblieben ist. Zu dieser Zeit wurde auch das Erdgeschoss umgebaut und, statt der bis zum Boden durchgehenden Fensterachsen, nun Blendbögen eingesetzt, wodurch das unterste Geschoss durch Kellhammer eine entsprechende Neugestaltung erhielt.

Das Landschaftshaus ziert eine vollständig bemalte Fassade.

„Der Fränkische Rechen verrät das sogar", merkt Stangier an und zeigt auf das Wappen oberhalb des mit roten Säulen verzierten Eingangs, in dem sich in der rechten oberen Ecke besagter „Rechen" – das rote Wappen mit den drei silbernen Spitzen – befindet. „Das taucht nämlich erst im Wappen des Königreichs Bayern auf", erklärt er, „und nicht im Herzogtum." Was zeige, dass es sich gar nicht um die originalen Fresken handeln könne. Abgesehen davon übernahm Restaurator Kellhammer jedoch die ursprüngliche Gestaltung, auf der schon damals die Wittelsbacher dargestellt waren.

„Einige Wittelsbacher sind auf der Fassade besonders hervorgehoben", fährt Wiesmüller fort. Betont dargestellt ist beispielsweise Kaiser Ludwig (1282/1286-1347), bekannt als Ludwig der Bayer, der ganz oben zwischen der vierten und fünften Fensterreihe thront. „Ludwig und Wilhelm sind ebenfalls herausgestellt", ergänzt Stangier. Unter den beiden Herzögen Ludwig X. (1495-1545) und Wilhelm V. (1548-1626), beide von roten Säulen flankiert, erlebte Landshut eine kulturelle Blüte. Sie waren es auch, die die Burg Trausnitz in ein Schloss verwandelten – Ludwig, der „Renaissancefürst", erbaute die Stadtresidenz, den ersten Renaissance-Palazzo nördlich der Alpen. Wilhelm ließ die Burg im Stil der Renaissance umbauen und ausstatten, legte einen Lustgarten an und lud bekannte Künstler an seinen Hof ein.

Doch – wie Wiesmüller es andeutet – an einigen Stellen „bröckelt die Fassade": So ist manch ein Wittelsbacher auch bekannt für seine unrühmlichen Taten, beispielsweise Herzog Ludwig II. (1229-1294), wie Christian Dickinger in *Die schwarzen Schafe der Wittelsbacher* schildert. Dieser Herzog Ludwig II. trägt nämlich nicht ohne Grund den Beinamen „der Strenge". „Er ließ seine Frau hinrichten", fährt Stangier fort. Alles nur, kurz zusammengefasst, wegen eines schusseligen Boten: Es ist das Jahr 1256, Ludwig ist in der Rheinpfalz auf Kriegszug. Seine Gemahlin, Maria von Brabant (1226-1256), weilt währenddessen auf Burg Mangoldstein bei Donauwörth. Sie schreibt ihm einen Brief, bittet ihn darin, bald wiederzukommen. Auch an Ritter Raugraf Heinrich I. (gest. 1261) verfasst sie einige Zeilen. Beide Briefe übergibt sie demselben Boten, da die Adressaten sich am gleichen Ort befinden. In dem an den Ritter gerichteten Brief verspricht sie, ihm das zu gewähren, worum er schon so lange bittet, sofern er ihren Gatten Ludwig bald heil nach Hause brächte. Dass sie ihm damit wahrscheinlich das höfische „Du" gewähren wollte, das viele Ritter bereits verwenden durften, will ihrem Gemahl Ludwig nicht in den Sinn kommen, als er diese Zeilen liest – ja, er! Denn der Bote hatte die beiden Briefe verwechselt! In rasender Eifersucht begibt sich Ludwig zur Burg Mangoldstein und lässt schließlich – nachdem er zunächst eigenhändig den Boten ums Leben brachte und auf der Burg eine Unschuldige in den Burggraben stieß – seine Frau enthaupten. Aus Reue, die ihn bald danach überkommt, gründet er später das Kloster Fürstenfeld. Seiner dritten Ehe entsprang übrigens Ludwig IV., der oben auf der Fassade thront – als Kaiser des Heiligen Römischen Reichs Deutscher Nation „Ludwig der Bayer" genannt.

Unzählige Geschichten, Legenden und Sagen existieren über die Wittelsbacher, einerseits berichten sie von glorreichen Helden-, andererseits von schändlichen Gräueltaten. Nichtsdestotrotz – es ist eben *nicht* alles nur Fassade – das Geschlecht der Wittelsbacher war für Bayern bedeutend und einflussreich, bis in die heutige Zeit. „Die weißblauen Rauten – das Wappen der Wittelsbacher – finden sich auch im Bayerischen Staatswappen", ergänzt Stangier. Das zeige neben dem Pfälzer Löwen, stellvertretend für die Oberpfalz, dem Fränkischen Rechen für die Region Franken, dem blauen Panther für Nieder- und Oberbayern und den drei schwarzen Löwen für Schwaben, im Herzschild nämlich die weiß-blauen Rauten der Wittelsbacher! Das „Wittelsbacher" Wappen, merkt er an, gehe übrigens zurück auf die Grafen von Bogen und wurde von den Wittelsbachern erst nach deren Aussterben angenommen (siehe Geheimnis Schild). Mit dem Wappen hat sich das Adelsgeschlecht nicht nur auf dem Haus verewigt, sondern ist auch Repräsentant für ganz Bayern geworden.

So geht's zu den Wittelsbachern:

Das Landschaftshaus mit seiner bemalten Fassade befindet sich in der Altstadt 28 direkt gegenüber der Martinskirche.

kulmens

07

Haus ohne Bögen

Grenze zwischen Stadt und Burg

Die Flucht der Häuserfassaden in der Landshuter Altstadt ist nicht nur wunderschön, sondern auch einzigartig: Mit wenigen Ausnahmen sind alle Häuser ohne Erker und liegen leicht versetzt zum jeweiligen Nachbarn. Das ermöglicht es, die Fassadenfront in einer langen Reihe zu bewundern. Eine weitere Besonderheit sind die „Bögen", der Arkadengang, der einige Häuser südlich des Rathauses beginnt und sich bis zum Nahensteig nahe dem Dreifaltigkeitsplatz fortsetzt. Das ist von Vorteil für die Fußgänger, denn so kann die Innenstadt auch bei heftigem Regenfall oder praller Sonne bequem erkundet werden. „Mit einer Ausnahme!", wirft Petra Reinert ein, die seit vielen Jahren in Landshut wohnt. Bei einem ihrer Spaziergänge durch die Stadt ist ihr nämlich aufgefallen, dass an einem Haus die Bögen fehlen. „Der Arkadengang ist unterbrochen, und zwar am dritten Haus nördlich vom Nahensteig, das in direkter Verlängerung der Ländgasse liegt." Das habe sie neugierig gemacht. „Dass die Bögen fehlen und das Haus wirkt, als sei es versetzt, sieht man auch auf dem Modell von Jakob Sandtner", ergänzt sie. Denn im Rathaus, wo Petra Reinert für das Büro des Oberbürgermeisters arbeitet, hat sie auf der dort ausgestellten Kopie des Stadtmodells des Drechslermeisters Jakob Sandtner (um 1530/40-1585/90) aus dem Jahr 1570/71 ihre Entdeckung überprüft.

Theo Herzog, der die *Landshuter Häuserchronik* verfasst hat, listet in seiner Beschreibung des Altstadt-Hauses Nummer 193 die Besitzer seit dem Jahr 1493 auf, darunter sehr viele Bierbrauer. Doch die fehlenden Bögen haben nichts mit dem Brauwesen zu tun, auch nicht damit, dass es ab 1689 mit dem südlich anschließenden Nachbarhaus zusammengebaut wurde, das sich im Besitz verschiedener Kaufleute befand. Die Erklärung für die sonderbare Architektur, nicht nur des Hauses mit der Nummer 193, sondern auch für das *nördlich* angrenzende Haus 194 ist eine andere: „Hier befand sich einst das Judentor,

Bei einem Spaziergang durch die Stadt fiel Petra Reinert das Haus ohne Bögen auf.

das 1410 von Herzog Heinrich dem Reichen abgebrochen wurde", nennt Petra Reinert den Hintergrund. Auch an dem Haus Nummer 194 hätten im 16. Jahrhundert die Bögen gefehlt, schreibt Theo Herzog, sie seien erst zwei Jahrhunderte später angebaut worden – und fehlen an dem anderen Gebäude noch heute.

Das Judentor trennte einst das Viertel der Juden, die auf dem Areal des heutigen Dreifaltigkeitsplatzes lebten (siehe Geheimnis Grünfläche), von der nördlich gelegenen Stadt. Herzog Heinrich (1386-1450) ließ es allerdings im Jahr 1410 abreißen. „Dieses Tor wird auch ‚Älteres Judentor' genannt", erklärt Petra Reinert. Denn nach dessen Abriss wurde das ehemalige Münchner Tor, das sich am südlichen Ende des heutigen Dreifaltigkeitsplatzes befand, als „Neues Judentor" bezeichnet.

„Dieses Tor wird auch ‚Älteres Judentor' genannt."

Wie das Judentor einst ausgehen hat, ist ebenso wenig bekannt wie dessen exakte Lage. Denn bauliche Reste fanden sich bisher keine, was auch die Frage nach der Ausrichtung unbeantwortet lässt. Wahrscheinlich ist aber, dass das Tor eine West-Ost-Ausrichtung besaß, also an der Verlängerung der Ländgasse ansetzte und sich auf Höhe der heutigen Häuserfront fortsetzte. „Warum an einem der beiden Häuser nach Abriss des Tores kein Bogen angebaut wurde, lässt sich heute nicht mehr nachvollziehen. Vielleicht hatte es bauliche Gründe", überlegt die Landshuterin, „oder andere Ursachen." Vom Tor ist also nichts geblieben als eine kaum erkennbare Spur: das *eine* Haus, das bis heute ohne Bögen blieb und wirkt, als trete es „auffällig unauffällig" in der langen Häuserkulisse einen Schritt zurück.

So geht's zum Haus ohne Bögen:

Das Gebäude am Ende der Ländgasse befindet sich nördlich des Nahensteigs in der Altstadt Nummer 193.

Das Graffito mit den Worten „Was liebt, pedribt“ findet nur, wer davon weiß.

08

Graffito

Von Liebeskummer geplagt

Himmelhoch lässt sie das Herze schlagen – oder tiefe Wehmut klagen: Einmal der Liebe verfallen, kann sie für den Liebenden zum Segen oder zum Fluch werden. Ein Mann, der offenbar von dieser „unheilbaren Krankheit“ befallen war, hat seinen Liebeskummer auf einer Säule in der Herzoglichen Stadtresidenz zum Ausdruck gebracht. Die in den Rotmarmor geritzte Inschrift lautet *Was liebt, pedribt*. Und darunter steht der Name des Liebeskranken: *Görg Ilsung*. „Dieser Mann ist kein Unbekannter. Ilsung war im 16. Jahrhundert unter anderem *Reichspfennigmeister*, eine Art Bundesfinanzminister“, erklärt Historiker und Journalist Gerald Huber. Vermutlich hat sich Georg Ilsung (um 1510-1580) bereits als junger Mann in den 30er-Jahren des 16. Jahrhunderts dort verewigt. Die Grundsteinlegung des von Herzog Ludwig X. (1495-1545) in Auftrag gegebenen Baus fand im Mai 1536 statt. Im gleichen

Jahr trat der junge Ilsung in die Dienste Kaiser Ferdinands I. (1503-1564) und könnte so auch nach Landshut gekommen sein.

Begonnen wurde mit dem vorderen, der Altstadt zugewandten Teil, dem „Deutschen Bau", der nach seiner Fertigstellung Räumlichkeiten für Ludwig und dessen Entourage bieten sollte. Zuvor stand am gleichen Platz gegenüber dem städtischen Rathaus das Herzogliche Zollhaus, das den Herzögen bereits im 15. Jahrhundert als bequemere Stadtwohnung gedient hatte. In den oberen Geschossen des Neubaus befanden sich die herzoglichen Gemächer und im Erdgeschoss Funktionsräume. Zu erreichen waren diese über die dreischiffige Säulenhalle, in der sich Georg Ilsung an einer der roten Säulen aus Knollenmarmor verewigte. „Das ist ein wirkliches Geheimnis, das kaum jemand kennt", merkt Gerald Huber an. „Wer von der Inschrift nichts weiß, entdeckt sie auch nicht. Sie ist viel zu klein und schwer zu finden." Außerdem liege der Fokus der Eintretenden doch meist auf dem, wofür die Stadtresidenz bekannt sei, auf dem „Italienischen Bau", der als der erste italienische Renaissancepalazzo nördlich der Alpen überhaupt gilt.

Gerald Huber steht an der Säule, auf der sich die Inschrift befindet.

Inspiriert von der sich ihm darbietenden lokalen Architektur während seiner Italienreise 1537 nach Mantua – dort wollte er Kaiser Karl V. (1500-1558) treffen – beschloss Herzog Ludwig kurzerhand, die Baupläne der Residenz zu ändern: Hinter dem „Deutschen Bau" begannen parallel die Arbeiten am „Italienischen Bau". „Dieser diente für Repräsentationszwecke, nicht zum Wohnen. Dafür waren die hohen Räume und Marmorböden im Winter viel zu kalt. Die Zimmer im Deutschen Bau mit ihren niedrigen Decken hingegen eigneten sich viel besser als herzogliche Wohnräume", erklärt Gerald Huber. Fertiggestellt wurde die gesamte Anlage, die sich bis zur Isarpromenade erstreckt, zwei Jahre vor dem Tod Herzog Ludwigs X. im Jahr

1543. In den folgenden Jahrhunderten wurde sie nur sporadisch als Wohnung für hochgestellte Persönlichkeiten genutzt. 1780 ließ Herzog Wilhelm von Birkenfeld-Zweibrücken (1752-1837) die Residenz, vor allem den Deutschen Bau, im klassizistischen Stil umgestalten. Die Säule, auf der sich der Reichspfennigmeister kurz nach Baubeginn 1536 verewigt hatte, blieb jedoch erhalten.

Der Anlass für Ilsungs Besuch in der Residenz ist leider unbekannt. „Vielleicht hat Georg Ilsung dem Herzog seine Aufwartung gemacht; vielleicht aber hat er sich nur für den neuen Schlossbau interessiert. Dessen Baumeister, Bernhard Zwitzel, stammte ebenfalls aus Augsburg und war mit Sicherheit ein Bekannter Ilsungs", überlegt Gerald Huber, der für seine zahlreichen Sendungen zu bayerischer Geschichte, Sprache und Kultur bekannt ist. Ilsung stammte aus einem der bedeutendsten und vornehmsten Augsburger Geschlechter, das schon seit Jahrhunderten in der Stadt ansässig war. Bereits sein Vater Achilles Ilsung war kaiserlicher Finanzagent gewesen. Georg Ilsung folgte ihm darin nach und brachte es schließlich gar zum Reichspfennigmeister. Daneben war er aber nachweislich auch für andere Fürsten als Kreditbeschaffer tätig – vielleicht auch für Herzog Ludwig X. und seinen Neubau in der Landshuter Altstadt.

„Vielleicht hat Georg Ilsung dem Herzog seine Aufwartung gemacht; vielleicht aber hat er sich nur für den neuen Schlossbau interessiert."

Welcher Dame Georg Ilsungs Liebeskummer wohl galt? Vermutlich einer Landshuterin. Letztlich hat er sein Liebesglück aber daheim in Augsburg gefunden, als er 1543 eine Dame namens Anna Löble heiratete, die ihn 28 Jahre durchs Leben begleitete.

So geht's zum Graffito:

Die Inschrift befindet sich in der Altstadt 79 im vorderen Teil der Stadtresidenz. Das Graffito ist in der Halle, in der sich auch das Café befindet, auf der nördlich gelegenen, freistehenden Säule angebracht.

Bächlein

Einmal quer durchs Stadtviertel

Auf dem Weg stadteinwärts führt die Zweibrückenstraße über die Kleine Isar, die so „klein" gar nicht ist und mit ihrem blauschimmernden Wasser und mächtigen Bäumen am Nordufer beeindruckt. Da geht das Bächlein, das direkt vor der Brücke in die Kleine Isar abfließt, sprichwörtlich unter. Doch dabei handelt es sich nicht etwa um den Abfluss eines unbedeutenden Wasserlaufs, sondern um den einer wichtigen Wasserquelle für das Kloster Seligenthal!

Im Jahr 1232 von Herzogin Ludmilla (um 1170-1240) zum Gedenken an ihren ermordeten Gatten Ludwig den Kelheimer (1174-1231) gegründet (siehe Geheimnis Schild), liegt das Kloster Seligenthal nördlich der Kleinen Isar. Für den Gebäudekomplex war natürlich von jeher eine gute Wasserversorgung essenziell. „Das Kloster war schon immer gut versorgt, einerseits natürlich durch die Isar selbst, aber auch durch andere Wasserläufe wie den Klötzlmühlbach, der ebenfalls in die Kleine Isar mündet", erklärt Klosteräbtissin Petra Articus. Aber das sei nicht alles, merkt sie an, denn es gebe zwei kleine Bäche, die direkt am Kloster entlangführen: „Ein Bächlein verläuft durch den vorderen Abschnitt des Klostergartens nahe dem Konventbau, fließt dann durch den hinteren Teil des anschließenden Klostergymnasiums in das Rondell, welches zwischen Gymnasium und Fachakademie liegt, und verschwindet wieder unter dieser Schule, um später in die Isar zu münden. In der Stadt fließt der Bach schließlich nahe der Zweibrückenstraße in die Kleine Isar", erläutert die Äbtissin. „Der zweite Bach zweigt von der Pfettrach ab und führt zum Kloster, dort speist er den Weiher. Und nachdem er ein Stück im Freien geflossen ist, verläuft er unterirdisch bis zur selben Mündung in der Kleinen Isar." Das heißt,

„Das Kloster war schon immer gut versorgt, einerseits natürlich durch die Isar selbst, aber auch durch andere Wasserläufe."

Von der Zweibrückenstraße aus ist das Bächlein zu sehen, das in die Kleine Isar mündet.

beide Bäche verlaufen teils sichtbar an der Oberfläche und teils unterirdisch unter den Straßen und Häusern des Stadtviertels Nikola – bis zu ihrer Mündung an der Zweibrückenstraße.

„Das war allerdings nicht immer so", fährt die Äbtissin fort, „denn eigentlich floss der Bach direkt unter einem Abschnitt des Klosters hindurch!" So sei er ursprünglich ein Teil des Baus gewesen. „Dort versorgte er die ehemalige Fischerei, bot Wasser für die Wäscherei und floss weiter unter den Gemeinschaftsraum." Für die Küche war eine nahe gelegene Versorgung mit Frischwasser ebenso wichtig wie für die Gärten, die noch heute im Kloster existieren (siehe Geheimnis Kamin). Erst bei den Sanierungsmaßnahmen zur Generalisierung der Klosteranlage Anfang der 2000er-Jahre wurde der Bach verlegt.

Wie für das Kloster war auch für die gesamte Stadt eine zuverlässige Wasserversorgung unerlässlich. Doch nicht das alleine veranlasste 1204 Ludwig den Kelheimer zu seiner Stadtgründung an diesem Platz, sondern vor allem der Wunsch, die Kontrolle über die Isar zu besitzen. Zuvor hatte nämlich, wenige Kilometer flussabwärts, Bischof Konrad III. von Regensburg (gestorben 1204) über den Flussübergang verfügt – und somit auch von den damit einhergehenden Zolleinnahmen profitiert. Diesen Übergang zerstörte Ludwig daher 1203 und schuf flussaufwärts eine neue Möglichkeit zur Überquerung des Stroms – dort, wo sich heute Landshut befindet.

Äbtissin Petra Articus am Rondell beim Gymnasium, das durch den kleinen Bach gespeist wird.

Neben der Verfügung über den Fluss bewegten den Herzog weitere politische und wirtschaftliche Motive zur Stadtgründung. Von Vorteil war beispielsweise der Burgberg, der bereits im 9. Jahrhundert durch eine Holzpalisade mit vorgelagertem Graben befestigt war. Im 10. Jahrhundert folgte eine steinerne Umwehrung, die vermutlich zu Zeiten Ludwigs noch in

Benutzung war und später schließlich zur Burg Trausnitz ausgebaut wurde. Von ebenso entscheidender Bedeutung waren die Fernstraßen, die seit der Römerzeit an Landshut vorbeiführten: die Isartalstraße von Augsburg bis zur Mündung in die Donau bei Deggendorf sowie die von Italien kommende Straße bis nach Regensburg, die östlich von Landshut über die Isar führte. In beiden Fällen spielte der große Fluss wieder eine entscheidende Rolle.

Doch jeder Vorteil bringt auch ein Nachteil mit sich: Im Fall der Isar sind es die verheerenden Überschwemmungen. Das erste Hochwasser ist für das Jahr 1491 dokumentiert, auch in den folgenden Jahrhunderten wurde Landshut immer wieder von Überflutungen geplagt. Besonders tragisch war das Jahrhunderthochwasser 1899, als große Teile der Stadt betroffen waren. Erst mit der in den 1950er-Jahren angelegten Flutmulde, die teilweise entlang der Pfettrach führt und beim Leinberger Gymnasium nach Süden in die Isar verläuft, kam die entscheidende Wende: so beispielsweise während des großen Hochwassers im Jahr 2005. Die Mulde war buchstäblich geflutet und schützte auf diese Weise, abgesehen von einigen überfluteten Kellern, die Stadt vor den enormen Wassermassen.

Seien es die Isar und andere große Ströme, Quellen und Zisternen oder auch die beiden Bachläufe entlang des Klosters, die in der Kleinen Isar münden: Wie bedeutend Frischwasser schon immer war, ist offensichtlich. Für Menschen früherer Zeiten muss es wohl ganz und gar unvorstellbar gewesen sein, wie wir heute nach Belieben frisches, trinkbares Wasser aus Hähnen zapfen können!

So geht's zum Bächlein:

Die Mündung der beiden Bäche befindet sich am Nordufer der Kleinen Isar auf Höhe der Zweibrückenstraße. Einer der beiden Wasserläufe wird etwa auf Höhe des Hauses in der Weningstraße 48 von der Pfettrach gespeist.

Gedenkstein

Mit diplomatischem Geschick

Der Reichtum und Einfluss eines Verstorbenen oder auch dessen Bedeutung für die Gesellschaft lässt sich oftmals am Bestattungsort ablesen. Findet sich dessen Gedenkstein beispielsweise in einer bedeutenden Kirche, liefert das recht eindeutige Hinweise. So verrät der in den Wänden der Martinskirche eingelassene Gedenkstein des Dr. Martin Mair recht viel über dessen Ansehen. „Martin Mair war ein bedeutender Politiker und Diplomat zur Zeit Ludwigs des Reichen", erklärt Christoph Thoma. Das Denkmal zeigt den promovierten Staatsmann mit Doktorhut, gefalteten Händen und einem Stapel Bücher. In Minuskelschrift steht in einem Band am Rande der Rotmarmorplatte geschrieben: *Ein finsterer Tag nahm den an Tugend nicht armen hinweg, den sanft die heilige Gnade Gottes aufnahm.*

„Martin Mair war ein bedeutender Politiker und Diplomat zur Zeit Ludwigs des Reichen."

Die Frage, wie Martin Mair (um 1420-1480), der in Heidelberg Jura und Theologie studierte und 1451 promovierte, in die Dienste des Herzogs kam, führt in die Zeit um 1455. Der Doktor der Theologie spielt eine nicht unbedeutende Rolle in der Auseinandersetzung zwischen Herzog Ludwig (1417-1479) und dem Markgrafen Albrecht Achilles von Brandenburg-Ansbach (1414-1486), der in dieser Zeit versucht, seine Macht in Süddeutschland auszuweiten – was der Herzog natürlich missbilligt, wie Gerald Huber in *Die Reichen Herzöge von Bayern-Landshut* schildert. Der Konflikt erreicht eine bedeutende Tragweite, als Kaiser Friedrich III. (1415-1493) dem Markgrafen Unterstützung zusagt: Schließlich hatte der Landshuter Herzog schon mehr als einmal die Macht Friedrichs untergraben, beispielsweise im Jahr 1450 durch die Vertreibung der Juden aus seinem Herzogtum. Auf Ludwigs Seite steht der böhmische König Georg Podiebrand

Christoph Thoma kennt die historische Bedeutung des Politikers Martin Mair, an den der Gedenkstein erinnert.

(1420-1471), der 1459 ein lebenslanges Bündnis mit dem Herzog eingeht – „vermittelt durch keinen anderen als Martin Mair, der bereits zuvor in den Diensten des böhmischen Königs stand", merkt der Journalist an.

Als Rat Ludwigs berät und unterstützt Mair den Herzog im Bayerischen Krieg (1459-1463) gegen den brandenburgischen Markgrafen. Der Konflikt zieht sich über viele Jahre hin, militärische Eroberungen auf beiden Seiten wechseln sich mit geschlossenen und wieder gebrochenen Waffenstillständen ab. Die Auseinandersetzung eskaliert schließlich, als Ludwig die Verhandlungen mit dem Kaiser abbricht: Als Reaktion auf diese Majestätsbeleidung folgt die Kriegserklärung des Kaisers! In Giengen an der Brenz, wo sich das Heer Ludwigs und die kaiserlich-brandenburgischen Truppen gegenüberstehen, kommt es am 19. Juli 1462 zum entscheidenden Gefecht. Dort glänzt Ludwig nicht nur mit seiner von vielen gelobten Ritterlichkeit, als er in der ersten Reihe an der Seite seines Heeres kämpft, sondern auch durch einen ruhmreichen Sieg. Dennoch – er zahlt dafür buchstäblich einen hohen Preis, denn das Vermögen des Herzogtums ist aufgebraucht. Hinzu kommt, dass der böhmische König unzuverlässig geworden ist. Beide Seiten sind nun bereit, den Konflikt zu beenden. So kommt es zu erneuten Verhandlungen. „Die Friedensverhandlungen 1463 in Prag zwischen dem Herzog und dem Kaiser führte Martin Mair", erklärt Christoph Thoma. Wieder einmal spielt der Diplomat eine gewichtige Rolle.

Der Gedenkstein des Politikers und herzoglichen Rats Dr. Martin Mair in der Martinskirche.

Die Verhandlungen stellen den Politiker vor eine Herausforderung. Zwar ist der Kaiser ihm nicht fremd, aber Ludwigs Ziele sind sehr ambitioniert: Mit Diplomatie soll Mair eine Reform der Reichsverfassung erwirken, um so die Macht der Wittelsbacher auszudehnen. Doch

Kaiser Friedrich ist ja schließlich kein Unterstützer Ludwigs! Martin Mair setzt all sein diplomatisches Geschick ein: Er macht dem Kaiser Versprechungen und führt ihm lebhaft vor Augen, welch einschneidende Veränderungen im Reich zu erzielen seien – allerdings nur mithilfe des Wittelsbachers! Und er hat Erfolg.

Als der böhmische König Georg Podiebrand ein Jahr nach dem geschlossenen Frieden zum Ketzer erklärt und exkommuniziert wird, eilt Mair nicht ihm zu Hilfe, sondern widmet sich dem Landshuter Herzog. Gemeinsam nehmen sie ein weiteres Vorhaben in Angriff, das durch den Krieg unterbrochen wurde: die Gründung einer Universität in Ingolstadt. Hatten doch die Habsburger – die Gegenspieler der Wittelsbacher – bereits 1365 in Wien eine Hohe Schule gegründet, so auch die Pfälzer Wittelsbacher 1386 in Heidelberg. Aber das Problem dabei: Eigentlich muss der Kaiser die Universitätsgründung legitimieren – allerdings ist die gemeinsame Vergangenheit Friedrichs und Ludwigs augenscheinlich mehr als nur schwierig. In weiser Voraussicht hatte der Herzog sein Vorhaben bereits 1459 Papst Pius II. (1405-1464) vorgetragen: In einem Brief lobt er Ingolstadt, beschreibt die Stadt mit den blumigsten Worten und überzeugt den Papst letztendlich – den im Übrigen auch eine lange Freundschaft mit Martin Mair verbindet.

„Im Jahr 1472 gründete Herzog Ludwig die Universität in Ingolstadt mit vier Fakultäten", sagt Christoph Thoma und fährt fort: „Die Gründung erfolgte wohl offiziell und protokollarisch durch den Herzog, doch Martin Mair hatte die Verträge ausgehandelt und hielt die Eröffnungsrede." Die Hohe Schule erfährt bald großes Ansehen und lockt zahlreiche Studierende an, aus denen später bedeutende Persönlichkeiten werden sollten, darunter beispielsweise der Kartograph Philipp Apian (1531-1589). Fast 350 Jahre später wird die Universität allerdings nach Landshut verlegt (siehe Geheimnis Gewächshaus) und schließlich 1826 als „Ludwig-Maximilians-Universität" nach München.

Während seiner Zeit in Landshut wohnt Mair in zentraler Lage in dem dreigeschossigen Bau gegenüber der Martinskirche neben dem späteren Sitz der Landstände (siehe Geheimnis Wittelsbacher). Nachdem er 1480/81 in Landshut stirbt, findet sein Gedenkstein Eingang in die Basilika, nur wenige Meter von seinem Wohnhaus entfernt.

Wie bedeutend Martin Mair für Landshut war, verrät nicht nur der ihm gewidmete Gedenkstein in der Martinskirche, sondern auch seine Position im Hochzeitszug des berühmten Historienfests „Landshuter Hochzeit 1475". Nicht ohne Grund findet sich Mair dort an prominenter Stelle direkt neben seinem Dienstherrn, Herzog Ludwig dem Reichen, dem Vater des Bräutigams Georg (1455-1503). „Martin Mair läuft mit dem Zepter des Herzogs im Hochzeitszug neben Ludwig, der sich in einer von zwei Pferden getragenen Sänfte befindet", merkt Autor Christoph Thoma an. Dem Politiker folgt der prächtige Brautwagen mit der polnischen Prinzessin Hedwig (1457-1502). Übrigens: Unter den zahlreichen Hochzeitsgästen befand sich tatsächlich auch Kaiser Friedrich, der das üppige Fest – trotz der Anwesenheit Ludwigs – sicherlich in vollen Zügen genoss. „Ein weiteres Zeichen, dass die alte Fehde zurückliegt", erklärt Christoph Thoma, „beweist nicht nur die Anwesenheit des Kaisers, sondern auch die Funktion von Albrecht Achilles, enger Vertrauter des Kaisers, der als Hofmeister der ‚Landshuter Hochzeit' tätig war." Dieser soll auf der „Wiesmahd" bei der Begrüßung der hohen Braut es so formuliert haben: „Die Ehe soll ein Nutz sein für Christenheit und Reich!"

„Martin Mair läuft mit dem Zepter des Herzogs im Hochzeitszug neben Ludwig, der sich in einer von zwei Pferden getragenen Sänfte befindet."

So geht's zum Gedenkstein:

Der Gedenkstein Martin Mairs befindet sich im hinteren Teil des Kirchenschiffs der Basilika St. Martin, die zentral in der Innenstadt liegt.

Ehepaar Fries steht vor dem Brustfeuerungsofen, einem der wenigen erhaltenen Exemplare in Bayern.

11

Bäckersymbole

Vom wilden Korn zum Traditionsgebäck

In einer der ältesten Straßen Landshuts, der Alten Bergstraße, sind in früherer Zeit – unweit der Burg Trausnitz – stattliche Wohnhäuser errichtet worden, oft bewohnt von Handwerkern. Ein aufmerksamer Blick auf die Fassade eines der Häuser reicht aus, um dahinter eine ehemalige Bäckerei zu vermuten, wie die Malereien in den Fensterportalen und die kleine Brezel auf dem Briefkasten andeuten: „Die drei Ähren symbolisieren das Korn auf dem Feld als Ausgangsmaterial für die Brotherstellung", erklärt Günther Fries die dargestellten Verzierungen im Fenster ganz links. Daneben zieren ein Laib Brot, ein Sack Mehl und zwei schräg gestellte Brotschieber die Fassade. Dem schließen sich eine Brezel sowie ein Brot mit Kreuz an – ein Hinweis auf die Bedeutung des Brotes im christlichen Glauben. „In der letzten Fensterumrandung ist das Landshuter Brotsiegel zu sehen", fährt der Besitzer des Hauses fort. Mit dem Siegel wurden die

Laibe vor dem Backen verziert, was so die Zuordnung zu einem bestimmten Bäcker ermöglichte. Über der Haustüre schmückt, auf weiß-blauem Grund, das Zunftzeichen des Bäckerhandwerks die Fassade: Zwei aufrechtstehende Löwen halten Krone und Backwerk, darunter zwei gekreuzte Schwerter. Bei einer derartig reichen Fassadenkunst geht die kleine Brezel am Briefkasten beinahe unter!

Die letzte – essbare – Brezel ging in der alten Backstube, die sich in dem Haus befand, 1970 über die Theke. Reger Durchgangsverkehr, vor allem Richtung Geisenhausen und Vilsbiburg, sorgte in den 1960er-Jahren für Kundschaft in dem Geschäft des Bäckermeisters August Preisser, mit dessen Tochter Rosemarie der Beamte Günther Fries verheiratet ist. Doch die allmähliche Verlagerung des Verkehrs aus der Innenstadt heraus sowie Altersgründe seien der Traditionsbäckerei zum Verhängnis geworden, erklärt die Bäckerstocher. Günther Fries, der beruflich über die Lebensmittelüberwachung mit dem Bäckerhandwerk verbunden ist, und seine Frau Rosemarie entschieden sich allerdings, die historische Backstube mit ihren zahlreichen Gerätschaften zu erhalten und auf diese Weise einen wertvollen Einblick in die Vergangenheit des Bäckerhandwerks zu ermöglichen.

Das Haus in der Alten Bergstraße mit den bemalten Fensterportalen.

Aufgebaut wie ein kleines Museum, befinden sich in der alten Backstube – neben vielem Bäckerzubehör wie Schieber, Teigschüsseln und Waagen – eine Teigknetmaschine mit Kurbelantrieb und eine Teigteilmaschine. Doch das Herzstück der alten Bäckerei ist der über 100 Jahre alte Brustfeuerungsofen, dessen Name sich von der Position der Öffnung ableitet. Es ist einer der letzten in Bayern überhaupt: „Im Ofen wird ein Holzfeuer entfacht, welches das Mauerwerk aufheizt. Sobald die richtige Temperatur erreicht ist, werden Asche und Glut entfernt und die Brote eingeschossen“, erklärt Günther Fries.

Nicht nur schweißtreibend sei diese Arbeit, sondern erfordere auch viel Erfahrung. „Und die traditionelle Ofenart, nach dem Vorbild römischer Kuppelöfen, hat sich praktisch seit der Antike kaum verändert", ergänzt der Beamte. Die Herstellung von Brot allerdings, die reicht deutlich länger zurück!

Spätestens mit der Sesshaftwerdung vor etwa 10.000 Jahren im „Fruchtbaren Halbmond", der Winterregenzone im Nahen Osten, wurden aus Jägern und Sammlern allmählich Bauern. Immer mehr Tiere und Pflanze wurden domestiziert, Keramik und geschliffene Steinwerkzeuge hergestellt und ganzjährig an einem Ort gesiedelt. Wenige Jahrtausende später kam dieses „Paket" an Erfindungen und Verhaltensweisen nach Mitteleuropa und im 6. Jahrtausend v. Chr. schließlich, während der Jungsteinzeit, auch nach Niederbayern. Dass aus dem angebauten Getreide, zunächst Einkorn und Emmer, auch Brote oder vergleichbare Teigwaren wie Fladen gebacken wurden, ist naheliegend. Doch viel spektakulärer ist, dass die Verarbeitung von Getreide und somit die Herstellung von „Brotartigem" viel weiter zurückreicht.

Die genauen Ursprünge des Brots sind bisher nicht geklärt, datieren aber in eine Zeit vor der Sesshaftwerdung: Verkohlte Pflanzenreste aus einer Fundstelle in Jordanien belegen beispielsweise, dass dort vor mehr als 14.000 Jahren Getreide zu einer Art Brot verarbeitet wurde. Menschen stellten aus wildwachsendem Getreide – und später aus kultiviertem oder domestiziertem Korn – bald mehr als nur einfache Fladen, Brei oder Grütze her. Dem folgten schließlich auch das Bier und viele Jahrtausende später die Brezel. Vergelt's Gott – denn was wäre Bayern ohne sein „Weißbia & Brezn"!

So geht's zu den Bäckersymbolen:

Das Haus mit den Bäckersymbolen befindet sich zwischen Dreifaltigkeitsplatz und Burghauser Tor in der Alten Bergstraße Nr. 173. Interessenten können dem kleinen Privatmuseum auf Anfrage einen Besuch abstatten.

12

Burgfriedenssäule

Bürgerrecht im Herzogtum

Es ist ein ständiges Tauziehen – auf der einen Seite die Stadt und ihre Bürger, auf der anderen die Herzöge. Der Ruf nach Autonomie wird bei der Bürgerschaft lauter, während die Fürsten ungern ihre Macht teilen. Mit der Stadtgründung Landshuts durch Ludwig I. (1174-1231) im Jahr 1204 untersteht die Stadt zunächst dem Landesherrn, der zugleich auch Stadtherr ist – anders als beispielsweise Bischofsstädte. Im Laufe der Zeit müssen die bayerischen Herzöge den Bürgern jedoch immer mehr Privilegien und Rechte zugestehen. Stellvertretend für diese Errungenschaften steht das Relikt am Hang zur Burg Trausnitz: „Das ist eine Burgfriedenssäule", erklärt Stadtarchivar Gerhard Tausche. Dieses Denkmal habe allerdings, fügt er hinzu, weder etwas mit einer Festung noch mit Frieden zu tun.

„Es handelt sich um einen territorialen Rechtsbegriff, bei dem *Frieden* für Umfriedung steht und *Burg* als ein altes Wort die Stadt bezeichnet", fährt er fort. „Dieser *Burgfrieden* umfasste zwei Areale: die Kernstadt sowie die ausmärkischen Gebiete." Zur Kernstadt zählte das Gebiet innerhalb der Stadtmauer, die in Landshut ab der ersten Hälfte des 13. Jahrhunderts nachgewiesen ist. Doch das Territorium, in dem das Stadtrecht galt, erstreckte sich auch jenseits der Mauer bis hinaus in die ausmärkischen Gebiete. Im 14. Jahrhundert zählten dazu bereits ansehnliche Gebiete links der Isar. Der Burgfrieden umschloss also die Gebiete, in denen das Stadtrecht galt und die nicht in die Zuständigkeit des Herzogtums fielen.

Das Verhältnis zwischen dem Herzogtum und der Stadt war ein stetes „Geben und Nehmen". „Der Herzog räumte den Bürgern Rechte ein, profitierte im Gegenzug aber von den wirtschaftlichen Einnahmen der Stadt", erklärt der Historiker. So wurde vom Herzogtum bereits 1256 die „Markt- und Gewerbeordnung" erlassen, da das sonst gültige Landrecht sich nicht auf die speziellen Gegebenheiten der Stadt

Gerhard Tausche lehnt an der Mauer bei der Burgfriedenssäule, die neben dem steilen Fußweg hoch zur Burg Trausnitz steht.

anwenden ließ. Die neue Regelung, auch „Polizeiverordnung" genannt, beinhaltete beispielsweise Vorschriften zu den Themen Gewerbe sowie Versorgung und Sicherheit, in den folgenden Jahren gab es einige Ergänzungen. Im 14. Jahrhundert konnte der „landesherrliche" Status der Stadt als beinahe formell betrachtet werden, bis schließlich *er* an die Macht kam: Heinrich der Reiche (1386-1450). Während der Herzog mehr als unzufrieden mit den umfangreichen Privilegien der Bürgerschaft war, hatten die Bürger starke Einwände gegen dessen Eingriffe in die Rechte der Stadt, – was letztlich in einem gescheiterten Bürgeraufstand gipfelte (siehe Geheimnis Röcklturm). Zwar annullierte Herzog Heinrich viele der zuvor eingeräumten Rechte, doch über längere Zeit „pendelte" sich auch dieses Ungleichgewicht wieder ein, denn nur so konnten beide Seiten dauerhaft profitieren.

„Eine wichtige Funktion übernahmen die Grenzen auch für die Gerichtsbarkeit", merkt der Leiter des Stadtarchivs an. Seit dem 13. Jahrhundert besaß Landshut die Niedergerichtsbarkeit. Das heißt, Vergehen, die nicht mit dem Tode bestraft wurden, fielen in die Zuständigkeit der Stadt – wenn sie innerhalb des Burgfriedens begangen worden waren. Anders verhielt es sich jedoch mit schweren Verbrechen wie Totschlag, Vergewaltigung oder Straßenraub. Diese lagen in der Zuständigkeit des Landesherrn, also der Herzöge. Denn anders als in vielen schwäbischen und fränkischen Städten behielten die niederbayerischen Herzöge die Hochgerichtsbarkeit – die Bestrafung mit dem Tode – lange komplett für sich, in Landshut bis ins Jahr 1601. Es spielte also keine Rolle, ob solch ein schweres Verbrechen innerhalb oder außerhalb des Burgfriedens verübt wurde: Sie fielen immer in die Zuständigkeit des Herzogtums.

„Zur Festsetzung der Grenzen des Burgfriedens dienten zunächst natürliche Geländeformationen, beispielsweise Wasserläufe. Später wurden dort, wo solche markanten Landschaftspunkte fehlten, Gräben und Wälle angelegt", fährt Gerhard Tausche fort. Was den Verlauf bis zum 15. Jahrhundert betreffe, so der Landshuter, lägen nur bruchstückhafte Beschreibungen vor. „Doch aufgrund wiederkehrender Streitigkeiten erfolgte bald eine erneute Festlegung der Grenze, indem Säulen aus Naturstein errichtet wurden." In diesem Kontext hat sich eine Urkunde aus dem Jahr 1508 mit dem Titel *Burkhfrid der Stat*

Lanndshuet sambt dem Register der Zins und güllt darinn so vor auf den Casten geben worden und füran gemainer Stat sind erhalten, das eine Rekonstruktion vieler ehemaliger Standorte ermöglicht. In den nachfolgenden Jahrhunderten folgten dann weitere Grenzmarkierungen aus Stein oder Ziegelmauerwerk – wie das Relikt am Hang zur Burg. „Insgesamt 26 Burgfriedenssäulen von den 43 ermittelten Standorten haben sich in und um die Stadt erhalten", ergänzt Gerhard Tausche. Neben Straßennamen wie „Am Banngraben" oder „Bannwallstraße" verweisen derartige Denkmäler auf den einstigen Burgfrieden: jedes ein Unikat, denn alle Relikte unterscheiden sich in Größe und Gestaltung.

„Insgesamt 26 Burgfriedenssäulen von den 43 ermittelten Standorten haben sich in und um die Stadt erhalten."

„Bemerkenswert ist", merkt der Stadtarchivar an und verweist auf das Denkmal am Hang zur Burg, „dass diese Burgfriedenssäule – und somit die Grenze der Stadt – so nah an der Burg lag." Denn bis Mitte des 15. Jahrhunderts befand sich unterhalb der Burg, etwa auf Höhe des Dreifaltigkeitsplatzes, das Viertel der Juden, die unter dem Schutz der Herzöge standen. Dort lebten ebenfalls viele Angehörige des herzoglichen Hofgesindes. Gerhard Tausche geht davon aus, dass die Säule am Hang erst nach 1580 errichtet wurde – zu diesem Zeitpunkt hatte Herzog Wilhelm V. (1548-1626) seinen Sitz bereits nach München verlegt. „Die Lage der Säule macht das Geheimnis umso spannender", fährt er fort. Denn wer auf dem Fußweg hoch zur Burg geht, richtet seinen Blick natürlich auf die vielen Türme und Bauten – und nicht auf das Relikt am Wegesrand. „Außerdem ist man mit Schnaufen beschäftigt", scherzt er, „denn es geht steil nach oben!"

So geht's zur Burgfriedenssäule:

Das Relikt befindet sich am Hang zur Burg Trausnitz. Folgt man der Fürstentreppe nach oben, befindet sich das Denkmal an der ersten Kurve, die scharf nach links abbiegt.

13

Orgel

Nicht die Größe zählt

Neben einer der prächtigsten Kirchen gelegen, ist es für die Frauenkapelle schwer, wahrgenommen zu werden. Sie steht südlich der Martinskirche buchstäblich im Schatten des Monumentalbaus mit dem höchsten Backsteinturm der Welt, der eine Höhe von 130 Metern besitzt. Dabei ist die Kapelle ein kleines Juwel, erbaut in der Mitte des 15. Jahrhunderts und ausgestattet mit reichen Stuckarbeiten sowie einem Rokokoaltar aus dem 18. Jahrhundert. Außerdem befindet sich darin ein Geheimnis, wie Sophie Zaunseder findet, denn auf der Empore steht eine kleine, aber sehr beeindruckende Orgel!

Sophie Zaunseder kennt sich als Orgelspielerin mit der „Königin der Instrumente" aus. Seit ihre Klavierlehrerin, die außerdem Organistin ist, die Schülerin für das vielseitige Instrument begeistern konnte, hat sie bereits in einigen Kirchen gespielt – so auch an der kleinen Orgel in der Frauenkapelle. Wenn sie außerhalb des Unterrichts in der Kirche in Altfraunhofen das Orgelspielen übt, nutzt sie manchmal auch die Gelegenheit, neben Liedern aus dem *Gotteslob* moderne Stücke wie Filmmusik auszuprobieren. Und das Orgelspielen sei keine leichte Angelegenheit, schildert die Schülerin. „Es ist ähnlich wie das Klavier, nur um ein Vielfaches schwieriger", sagt sie und beschreibt den Aufbau des Instruments: „Eine Orgel besteht aus Manualen, den Pedalen und verschiedenen Registern. Die Manuale sind Tasten – ähnlich wie beim Klavier. Die Pedale sind sozusagen Tasten für die Füße, mit denen ebenfalls Töne gespielt werden. Sie sehen aus wie ein Manual – allerdings mit riesigen Tasten. Das Register bezeichnet eine Anzahl von Pfeifen, die eine ähnliche Klangfarbe, aber auch Tonhöhe haben und als Einheit gesteuert werden, also an- und abgeschaltet werden können." Doch die komplexe Bedienung sei

„Es ist ähnlich wie das Klavier, nur um ein Vielfaches schwieriger."

Sophie Zaunseder hat schon mehrfach auf der kleinen Orgel in der Frauenkapelle gespielt.

nicht die einzige Herausforderung: „Es ist so irritierend, weil der Klang neben der Orgel ganz anders klingt als unten. Hohe Töne klingen auf der Orgelbank zum Beispiel viel schriller als unten!"

So zählt die Orgel nicht nur zu den komplexesten Instrumenten überhaupt, sondern stellt auch eine technische Meisterleistung dar. Umso erstaunlicher ist die Tatsache, dass das erste orgelartige Instrument ins 3. Jahrhundert v. Chr. datiert. In dieser Zeit entwarf und konstruierte der Mathematiker und Erfinder Ktesibios in Alexandria dieses neuartige Instrument, indem er Wind, angetrieben durch Wasserkraft, durch Metallrohre „pfeifen" ließ. Doch erst viele Jahrhunderte später wurde es zu dem Instrument, als das es heute bekannt ist: das Instrument der Kirchenmusik schlechthin. Die erste Orgel findet sich zwar bereits im 9. Jahrhundert in Sakralbauten, doch erst in der Gotik wandelte sie sich vom Statussymbol zum Hauptinstrument.

Gebaut wurde die Orgel der Frauenkapelle 1975 vom Landshuter Orgelbaumeister Ekkehard Simon. Das Rokokogehäuse stammt aus dem Jahr 1715. Es wurde ursprünglich für die Pfarrkirche Sulzbach bei Passau hergestellt, verweilte dann für einige Zeit in Eholfing, bis es schließlich für die neu gebaute Orgel in Landshut Verwendung fand. „Diese Orgel besitzt 13 Register, verteilt auf zwei Manuale und das Pedal", erklärt die Landshuterin und fährt fort: „Große Orgeln haben bis zu sechs Manuale und Tausende von Pfeifen. So verfügt beispielsweise die Orgel in der Martinskirche über vier Manuale und 77 Register." Diese habe sie allerdings noch nicht gespielt, merkt die Schülerin an. Eine der größten Orgeln der Welt – mit 233 Registern und 17.974 Pfeifen – steht übrigens gar nicht so weit entfernt im Passauer Dom. Aber Größe ist eben nicht alles, denn auch die kleine Orgel in der Frauenkapelle hat ihren ganz eigenen Charme – oder vielmehr: Klang!

So geht's zur Orgel:

Die kleine Orgel steht auf der Empore in der Frauenkapelle, die südlich der Martinskirche zwischen Altstadt und Neustadt liegt.

Schweinskopf und Bierkrug sollen an den Frevel des Maurers erinnern.

14

Schweinskopf

Die Strafe folgt auf dem Fuß

Manch einem wird es einmal aufgefallen sein, vielleicht auf dem Weg zur Bushaltestelle „Maximiliansstraße“ oder stadteinwärts spazierend. Doch ohne zu wissen, wo sich das Relikt genau befindet, ist es leicht zu übersehen – an der Außenmauer der Dominikanerkirche, genauer gesagt: an dem Pfeiler in der südöstlichen Ecke des Chors. Von dort, weit oben auf der Strebe, schaut nämlich ein kleiner Schweinskopf, unter dem ein Krug angebracht ist, nach unten auf die Straße.

Rita Neumaier von der *Landshuter Zeitung* ist die sonderbare Kombination bekannt. Nicht nur hat sie zu dem seltsamen Kopf und dem Krug schon öfters hinaufgesehen, sondern sie kennt mittlerweile auch die im Sagenbuch *Turmkränzlein* überlieferte Geschichte dazu. „Während des Baus der Dominikanerkirche soll ein Priester mit der Hostie an den Arbeitern vorbeigelaufen sein, um einen Kranken in der Stadt aufzusuchen“, gibt die Redakteurin die Erzählung wieder. „Alle auf dem Gerüst zogen ihren Hut und schwiegen – so war es schließlich der Brauch. Doch ein Maurer, der ganz oben auf dem Gerüst saß, nahm stattdessen einen großen Schluck Bier." Seine Strafe folgte auf dem Fuße: „Der Maurer fiel vom Gerüst und kam ums Leben." Der Krug und der Schweinskopf, den die anderen Arbeiter aus Mörtel formten und dort anbrachten, sollten fortan als Mahnung dienen.

Ob die beiden Relikte wirklich im Gedenken an einen Bauarbeiter dort angebracht wurden, wird wohl ungewiss bleiben, denn mit der Säkularisierung Anfang des 19. Jahrhunderts gingen die Unterlagen zum Kloster und der Kirche verloren. Sicher ist, dass sich Schweinskopf und Krug dort schon sehr lange befinden, vermutlich seit dem Bau der Kirche im 13. Jahrhundert. Zunächst im Sinne des Bettelordens der Dominikaner, die sich zuvor in Landshut niedergelassen hatten, in schlichter gotischer Ausführung erbaut, wurde die Kirche im 18. Jahrhundert im Stil des Rokoko umgestaltet – doch nicht der gesamte Bau. „Die Außenmauern der Süd- und Ostseite sind in ihrer ursprünglichen frühgotischen Gestaltung erhalten geblieben – und somit auch die beiden Relikte", merkt Rita Neumaier an.

Um den Schweinskopf ranken sich auch andere Varianten der Geschichte – ob nun das Tierhaupt der versteinerte Maurer ist oder die Relikte als Mahnung angebracht wurden – im Kern gleichen sich alle Erzählungen: Es geht um die Missachtung kirchlicher Bräuche, was die Strafe Gottes nach sich zieht. Auch aus dem Heimatbuch *Aus Landshut und Umgebung* von Johann Pollinger stammt eine Version der Geschichte, laut der es aus der Kirche während der Heiligen Messe zum Gebet der Heiligen Wandlung geläutet haben soll. Statt zu beten, soll der Maurer aus dem Krug getrunken haben und vom Gerüst gestürzt sein. Seine letzten Worte dabei: „Ei was, mir ist der Maßkrug lieber als das Kreuzschlagen und Beten!"

So geht's zum Schweinskopf:

Die beiden Relikte befinden sich an einem Pfeiler an der südöstlichen Außenseite der Dominikanerkirche, die in der Regierungsstraße zwischen Neustadt und der Podewilsstraße liegt.

Monika Liebel weiß als ehemalige Bankangestellte, was es mit dem Pfennig auf sich hat.

15

Pfennig

Dem Geld auf der Spur

Vor allem Glück soll er bringen, der Pfennig. Wird er auf der Straße gefunden, soll sich der Geldbeutel mit vielen weiteren Münzen füllen! Dasselbe gilt natürlich auch für die 1-Cent-Münze, nachdem die Deutsche Mark am 1. Januar 2002 durch den Euro ersetzt wurde. Zuvor war die D-Mark nach der Währungsreform 1948 mehr als ein halbes Jahrhundert lang als gesetzliches Zahlungsmittel im Umlauf. Auch heute noch befinden sich viele Münzen und Scheine im Besitz von Sammlern – oder von vielen ahnungslosen Menschen, auf deren Dachböden vielleicht noch das ein oder andere Geldversteck des verstorbenen Vorbesitzers auf seine Entdeckung wartet. Weniger verborgen präsentiert sich das Haus in der Neustadt, dessen Türgriff zur Hofeinfahrt ein Pfennig ziert – oder besser gesagt: die überdimensionale Darstellung eines solchen.

„Der Pfennig, den die Hausbesitzer hier anbringen ließen, hängt nicht zufällig hier", merkt Gästeführerin Monika Liebel an, die als ehemalige Bankangestellte weiß, was es mit dem Objekt auf sich hat. „Hier existierte bis in die 1990er-Jahre ein Autoschalter, an dem Bargeld abgehoben werden konnte", fährt die Landshuterin fort, die seit mehr als dreißig Jahren Führungen in der Stadt gibt. Dort, wo sich heute hinter dem Tor ein Privatparkplatz befindet, stand einst ein kleines Häuschen mit Schalter, an dem die Landshuter bequem mit dem Auto vorfahren und sich Geld von ihrem Konto auszahlen lassen konnten. Doch das eigentlich Besondere dabei ist die Art, auf welche das Zahlungsmittel seinen Weg zum Autoschalter fand: „Das Geld kam mittels einer unterirdischen Rohrpost direkt zum Schalter", erklärt die ehemalige Bankangestellte, „die Rohre verliefen von der Altstadt bis hier. Wenn also der Schalter größere Mengen Geld benötigte, wurde es direkt von der Zentrale hergeschickt."

Rohrpostsysteme funktionieren mithilfe von Druckluft, indem durch Unter- und Überdruck kleine zylindrische Transportbehälter – mit meist zwischen 5 und 20 Zentimetern Durchmesser – durch Rohre transportiert werden. Diese haben dabei nur einen minimal größeren Umfang als die Behälter, wodurch mit Sog oder Druck – gegebenenfalls auch beides zugleich – die Transportbehälter ihren Weg ans Ziel finden. „In der Zentrale wurde eine entsprechende Menge Geld in den Behälter gesteckt und in die Apparatur gegeben", erklärt sie den Vorgang, „die Anlage beförderte den Zylinder mittels Luftdruck in den unterirdisch verlaufenden Rohren bis zu seinem Ziel am Autoschalter." Die Behälter aus Eisen nannten die Angestellten immer scherzhaft „Bomben", die, wenn sie verkehrt herum in das System gegeben wurden, sich verhaken und einen Stau auslösen konnten.

Den Griff der Toreinfahrt schmückt die Darstellung einer 1-Pfennig-Münze.

Die erste derartige Anlage gab es bereits 1853 in New York, weitere Großstädte folgten, in Hamburg nutzte beispielsweise die Post das System seit 1887 zum Versand von Briefen in der Stadt. Mit der Digitalisierung, so war bei deren Beginn die gängige Meinung, gäbe es keine Zukunft für die Rohrpost. Schließlich sei elektronische Post nicht nur schneller, sondern auch günstiger. Doch dem war nicht so – zum einen hat Papierpost heute noch immer Relevanz, zum anderen kann die Rohrpost in bestimmten Bereichen nicht einfach durch digitale Post ersetzt werden. Das System kommt beispielsweise auch heute noch in Krankenhäusern zum Einsatz, um Blut- und Gewebeproben ans Labor zu schicken. Ein weiterer großer Vorteil der Rohrpost ist außerdem, dass sie absolut abhörsicher ist, weswegen viele Behörden noch auf die alte Technologie setzen. „Aber eben auch zum Versand von Geldscheinen war das System praktisch", ergänzt Monika Liebel, „schließlich wollten sich die Bankkunden an einem Schalter mit Bargeld versorgen." Doch mit Schließen des Autoschalters – inzwischen hatten an verschiedenen Orten in Landshut Geschäftsstellen eröffnet, wo der Kunde Bargeld *und* eine gute Beratung haben konnte – stellte die Bank auch den Betrieb der Rohrpost ein.

„Aber eben auch zum Versand von Geldscheinen war das System praktisch, schließlich wollten sich die Bankkunden an einem Schalter mit Bargeld versorgen."

Für den Spaziergänger unsichtbar liegen teilweise noch immer Reste des Systems neben und zwischen zahlreichen Kabeln und Rohren im Untergrund. Sichtbar hingegen ist der Pfennig an dem Tor, das an den einstigen Autoschalter und die kleinen Zylinder, die unter den Straßen Landshuts durchgeschossen wurden, erinnert. Ob der Pfennig dort auch Glück bringt, wer weiß?

So geht's zum Pfennig:

Das Tor mit dem Pfennig befindet sich in der Neustadt 498, schräg gegenüber der Schirmgasse.

ZIEGLMAIER HÖRBERATUNG
ZIEGLMAIER
HÖRBERATUNG HÖRSYSTEME

Wandgemälde

Vor der Küste Chinas

Don Francisco Javier de Jassú y Azpilcueta liegt im Sterben. An einen Stein gelehnt, spenden ihm Palmen in seinen letzten Momenten Schatten. Eine leichte Brise weht vom Meer, auf dem fremdländische Schiffe segeln. Francisco Javiers geschlossene Augen sind bereits gen Himmel gerichtet, die rechte Hand umgreift mit letzter Kraft ein Kruzifix. Zwei Personen stehen ihm bei, ein Chinese mit weit geöffneten Armen und ein kniender Inder an seiner Seite. So starb Don Francisco Javier, Mitbegründer des Jesuitenordens und erfolgreichster Missionar der Neuzeit am 3. Dezember 1552 nach kurzer, schwerer Krankheit auf einer kleinen Insel vor dem chinesischen Festland. „Der Inder ist – wie in manchen Bildtraditionen – dunkelhäutig dargestellt“, erklärt Kunsthistoriker Thomas Stangier, Vereinsvorsitzender der „Altstadtfreunde“ und kommissarischer Leiter der Städtischen Museen, „am rasierten Kopf des stehenden Mannes erkennt man, dass er ein Chinese ist.“

„Am rasierten Kopf des stehenden Mannes erkennt man, dass er ein Chinese ist.“

Das Wandgemälde des im Sterben liegenden heiligen Franz Xaver – wie er hierzulande heißt –, würde in einer Kirche sicherlich weit weniger deplatziert wirken als an einer Fassade in der Neustadt. Was verbindet dieses Haus mit dem Missionar aus dem Baskenland, der nie einen Fuß auf bayerischen Boden gesetzt hat? „Im 18. Jahrhundert wohnte in dem Haus ein Mann, der ebenfalls den Namen Franz Xaver trug“, erläutert Stangier, „allerdings hieß dieser mit Nachnamen *Kallhammer* und war von Beruf Schreiner.“ Von 1773 bis 1786 befand sich das Gebäude in dessen Besitz. Die Vermutung, er habe das Bild seines Namenspatrons anbringen lassen, ist naheliegend, wird jedoch durch die Datierung (1823) widerlegt: „Zudem war der Orden der Jesuiten zu dieser Zeit verboten, nachdem er 1773 durch Papst Clemens XIV.

Hinter den Vorsitzenden des Vereins „Freunde der Altstadt Landshut e.V.“ Josef Wiesmüller (rechts) und Thomas Stangier schmückt ein Wandgemälde die Grasgasse.

aufgehoben wurde", wirft Josef Wiesmüller, Architekt und 1. Vorsitzender des Vereins „Freunde der Altstadt Landshut" ein. Denn zu mächtig waren die Mitglieder des Ordens geworden, dessen Ursprünge bis nach Spanien führen.

Dort nimmt auch die Geschichte des fleißigen Missionars ihren Anfang: Francisco wird am 7. April 1506 als letztes von sechs Kindern einer baskischen Adelsfamilie in der Nähe von Pamplona geboren. Wie für nachgeborene Adelssöhne üblich, ist ihm eine klerikale Laufbahn vorherbestimmt. Er beginnt sein Studium der Theologie 1525 in Paris an der Sorbonne, wo er bald Bekanntschaft mit einem Landsmann macht: Ignatius von Loyola (1491-1556) – eine schicksalhafte Begegnung, wie sich herausstellen wird. Denn dem 15 Jahre älteren Ignatius gelingt es, den eitlen, temperamentvollen und auch karrierebewussten Francisco zu bekehren. Gemeinsam erarbeiten sie Regeln für einen Glaubensorden, den sie mit fünf weiteren Studenten im Jahre 1534 mit einem Gelübde besiegeln: „Es ist die Geburtsstunde des Ordens der Jesuiten", erklärt Stangier. Armut, Keuschheit und Gehorsam – die Grundprinzipien des Jesuitenordens, der als Aufgabe die Ausbreitung, Festigung und Verteidigung des katholischen Glaubens hat.

Das Wandgemälde zeigt die letzten Momente des Missionars Don Francisco Javier.

Der Verbreitung des Glaubens widmet sich Francisco Javier, nachdem er 1537 seine Priesterweihe in Venedig erhalten hat und 1541 als offizieller Gesandter des Heiligen Stuhls durch Papst Paul III. (1468-1549) und den portugiesischen König Johann III. von Lissabon (1502-1557) mit der königlichen Flotte über Mosambik nach Indien entsendet wird. Nach 13 Monaten Reise trifft er in Goa ein und bleibt für drei Jahre in Indien. Seine Missionsarbeit dort ist äußerst erfolgreich: Er revitalisiert den christlichen Glauben der portugiesischen Kolonialbeamten und missioniert unter den einheimischen Perlenfischern. In einem einzigen Monat tauft er im Jahre 1544 zehntausend Fischer, insgesamt waren es wohl 20.000 bis 30.000 Menschen, die er während seines Indien-Aufenthalts bekehrte.

Sein Erfolgsrezept: Er beschäftigt sich intensiv mit der lokalen Kultur und lernt die dortige Sprache und die Gebräuche kennen, bevor er überhaupt mit der Missionierung beginnt. Er richtet obendrein von Einheimischen geführte Missionsstationen ein und fordert regelmäßige Berichterstattung. Außerdem ist er ein fleißiger Schreiber: Mehr als 1.500 seiner Briefe nach Rom sind heute noch erhalten, die ab 1545 sogar gedruckt und verbreitet wurden, was in Europa eine große Begeisterung für die Missionstätigkeit im fernen Osten auslöste.

Während er ab 1545 im heutigen Malaysia und Indonesien tätig ist, erhält er Nachricht von der Entdeckung Japans und bricht vier Jahre später in das für die meisten Europäer unbekannte Land auf. Als erster christlicher Missionar erreicht er am 15. August 1549 die japanische Insel Kyushu. Er erlernt die Sprache, führt theologische Diskurse mit buddhistischen Lehrern und verbreitet die christliche Glaubensbotschaft. Er pilgert sogar zur Hauptstadt Kyoto, um dort den Kaiser zu bekehren – doch er wird nicht vorgelassen. Aber Francisco lässt sich von diesem Rückschlag nicht aufhalten. Er regelt seine Nachfolge für die Missionsarbeit in Japan und fasst das nächste Ziel ins Auge: die Verbreitung des Christentums in China, wo seine Lebensreise allerdings ein Ende finden wird.

Nach einer Zwischenstation in Goa, das mittlerweile zu seiner Basis geworden ist, bricht er 1552 nach China auf. Doch er wird nie ankommen: Ausländern ist die Einreise ins Reich der Mitte streng verboten. Francisco harrt auf einer vorgelagerten Insel westlich von Hongkong aus und versucht, heimlich einzureisen, doch es gelingt ihm nicht. „Das Ziel vor Augen erkrankt er schwer und stirbt kurze Zeit später am 3. Dezember 1552 auf der Insel Shangchuan Dao", erläutert Stangier. Sein Leichnam wird nach Goa überführt, wo er bis heute als einer der größten Missionare treu verehrt wird. Nur sein rechter Unterarm, der ihm oft von den vielen Taufen müde und schwer wurde, wird

„Das Ziel vor Augen erkrankt er schwer und stirbt kurze Zeit später am 3. Dezember 1552 auf der Insel Shangchuan Dao."

1615 als Reliquie nach Rom gebracht. 1622 wird Francisco Javier heiliggesprochen.

Nachdem der Orden in den folgenden Jahrhunderten viele Anhänger um sich scharte und stetig an Macht gewann, erließ Papst Clemens XIV. (1705-1774) schließlich im Jahr 1773 das Verbot des Ordens. In diese Zeit fällt der Erwerb des Hauses durch Franz Xaver Kallhammer. Auch sein Nachfolger Ignaz Kallhammer, vermutlich der Sohn, trug einen jesuitischen Vornamen. „Dessen Sterbedatum war wahrscheinlich im Jahr 1823", erklärt Stangier, denn in diesem Jahr wechselte der Hausbesitzer erneut. Da das Wandgemälde in der linken unteren Bildfläche dieselbe Jahreszahl angibt – neben den Initialen des Malers Ignaz Bergmann – hatten möglicherweise die neuen Besitzer, vielleicht Verwandte, das Bild anbringen lassen. Dieses sollte wohl an den heiligen Franz Xaver und dessen Vornamensverwandten Kallhammer sowie seinen Sohn Ignaz erinnern. In dieser Zeit, nach 1814, war der Orden der Jesuiten offiziell wieder erlaubt. „Vor wenigen Jahren ist das Wandgemälde restauriert worden und hat ein Glasdach zum Schutz erhalten", ergänzt Wiesmüller.

Obgleich er Zeit seines Lebens nie einen Fuß auf bayerischen Boden setzte, hat er – neben dem Gemälde an der Hauswand – Eingang in die bayerische Lebenswelt gefunden. Vor allem Franciscos zahlreichen Briefen ist es zu verdanken, dass sein Name – besonders in Bayern! – schnell populär wurde und über Jahrhunderte hinweg Verbreitung fand. Aus Francisco Javier, oft auch Xavier geschrieben, wurde im Deutschen dann rasch ein „Franz Xaver".

So geht's zum Wandgemälde:

Das Wandgemälde befindet sich in der Neustadt 459 am Eckhaus zur Grasgasse Richtung Altstadt.

Die Querbalken des rampenartigen Aufgangs sollten Pferden beim Auftreten helfen.

17

Ochsenklavier

Schnell und sicher zur Burg

Was das „Ochsenklavier" ist? „Na, ein Klavier für Ochsen natürlich. Mit großen Tasten für die Tiere", scherzt Christoph Thoma. Wer selbst einmal den steilen Fußweg aus Backsteinen hoch zur Burg Trausnitz gelaufen ist, wird sich vermutlich nicht nur gefragt haben, was es mit dem Namen auf sich hat, sondern dem wird auch aufgefallen sein, dass die Treppe nicht unbedingt fußergonomisch ist. Eben wegen ihrer ungewöhnlichen Stufen hat der Aufgang im Volksmund den Namen „Ochsenklavier" erhalten – eine Bezeichnung, die einen in schwer passierbarem Gelände angelegten Pfad für Mensch und Tier beschreibt. Wegen der abwechselnd breiten Stufen erinnere die Treppe, so erklärt der Journalist, aber eben auch an ein Klavier für Ochsen.

Solche Tiere wurden allerdings, wie manch einer vielleicht vermuten mag, nicht hoch zur Burg getrieben. „Das Ochsenklavier, offiziell *Fürstentreppe* genannt, war der Weg der Reiter zum Hofe", erklärt der Journalist. Denn die besonders breiten und flachen Stufen machen den Aufstieg nicht nur weniger steil, sondern ermöglichen – im Gegensatz zur herkömmlichen Treppe – auch ein besseres Auftreten. So konnten die Reiter schnell und sicher zur Burg hinaufreiten. Das Ochsenklavier ist allerdings keine „Reittreppe", sondern eine „Reitrampe", denn der Aufgang besitzt nur sehr flache Querbalken. Reittreppen hingegen haben – wie bei einer gewöhnlichen Treppe – richtige Stufen mit vertikalen Wänden. Im Unterschied zu einer gewöhnlichen Stiege sind jedoch die Abstände bedeutend größer und die Stufen der Reittreppe stark in die Länge gezogen. Solche Zugänge befanden sich vorwiegend in den Burgen, sodass die Herrschaften bequem auf ihrem „hohen Ross" in die Säle der oberen Stockwerke gelang konnten. Bekanntestes Beispiel ist wahrscheinlich die Prager Burg, wo König Wladislaw II. (1456-1516) um 1500 einen prächtigen Saal einbauen ließ, in dem sogar Ritterspiele stattfanden. Dorthin führte die vermutlich erste Reittreppe überhaupt. Doch diese hatte auch rein praktische Gründe, denn dadurch konnten zusätzliche Pferde in oberen Stockwerken untergebracht werden. Neben Ochsenklavieren gibt es übrigens auch Eseltreppen, die sich vor allem in Burgen und Kirchen finden. Die haben aber genauso wenig mit Eseln zu tun wie das Ochsenklavier mit Ochsen: Dabei handelt es sich um stufenlose, oft gewundene Turmaufgänge mit geringer Steigung.

Christoph Thoma steht auf dem „Ochsenklavier", dem steilen Fußweg hoch zur Burg Trausnitz.

„Der Weg wurde bereits zur Zeit der Burg angelegt", merkt Christoph Thoma an, der mehr als 20 Jahre lang Turniersprecher bei dem berühmten Kostümfest „Landshuter Hochzeit 1475" war. Er denkt, dass die ursprüngliche Fürstentreppe – wie viele Teile der Burg – ins 15. Jahrhundert datiere. Erstmals belegt ist der alte Weg 1508 in einem Dokument über den Verlauf einer alten Grenze, dem ehemaligen Burgfrieden (siehe Geheimnis Burgfriedenssäulen). Das Ochsenklavier, so wie es sich heute präsentiert, stammt vermutlich aus dem 17. oder 18. Jahrhundert. Auch in dieser Zeit hatten die Tiere ihre Bedeutung nicht verloren, schließlich waren Pferd und Wagen Jahrtausende lang *das* Verkehrsmittel. „Bei der Hochzeit zwischen Herzog Georg und der polnischen Prinzessin Hedwig mussten 8.000 bis 10.000 Pferde untergebracht werden", merkt der gebürtige Landshuter an. Zu dem historischen Großereignis im November 1475 seien nicht nur Männer auf Pferden sowie Frauen und ältere Menschen in Wägen gekommen, sondern hätten die Fürsten auch zahlreiche Reisige zum Schutz dabeigehabt (siehe Geheimnis Feldweg). Etwa 6.000 Pferde fanden bei dem Fest Platz in der Stadt, teils in den Bürgerhäusern, teils in Braustadeln. Doch selbst das war nicht ausreichend, weswegen die Landshuter Gastgeber die Fürsten und deren Gefolge baten, nur mit ihrem Kammerwagen in die Stadt zu fahren – die restlichen Fahrzeuge und Tiere sollten vor den Toren der Stadt in den umliegenden Dörfern untergebracht werden, so wie es dem Landadel ebenfalls aufgetragen worden war.

„Bei der Hochzeit zwischen Herzog Georg und der polnischen Prinzessin Hedwig mussten 8.000 bis 10.000 Pferde untergebracht werden."

Heute benutzen das „Ochsenklavier", die ehemalige Reitrampe, nur noch Fußgänger, die auf kürzestem Weg von der Altstadt über den Dreifaltigkeitsplatz und vorbei an der Thekla-Kapelle an der Alten Bergstraße zur Burg Trausnitz gelangen wollen.

So geht's zum Ochsenklavier:

Der Fußweg hoch zur Burg Trausnitz beginnt in der Alten Bergstraße, die südlich des Dreifaltigkeitsplatzes liegt.

Äbtissin Petra Articus blickt von der Empore in der Afrakapelle hinunter, auf der sich der weiß-blaue Schild befindet.

18

Schild

Nicht Ludwigs Wappen

Für das Kloster Seligenthal ist Herzogin Ludmilla (um 1170-1240), die Gattin Ludwigs I. (1174-1231), eine Schlüsselfigur, denn sie war es schließlich, die 1232 das Zisterzienserinnenkloster gründete und sich hier – eine der künftigen Grablegen der Wittelsbacher Herzöge – bestatten ließ. „Ludmillas Grab befand sich zunächst in der Afrakapelle“, erklärt Äbtissin Petra Articus, „dem ältesten Bauteil des Klosters. Erst nach Fertigstellung der Abteikirche im Jahr 1259 wurde ihr Leichnam dorthin verlegt.“ Zur Erinnerung an ihren ursprünglichen Bestattungsplatz und zum Gedenken an Ludwig, der im Kloster Scheyern bestattet ist, wurde in der Afrakapelle ein

Gedächtnisgrab eingerichtet. Von der einstigen Konstruktion haben sich zwei hölzerne Figuren erhalten, die heute auf der Brüstung der Empore stehen. „Links steht Ludmilla mit Reichsapfel und Zepter in den Händen", beschreibt die Äbtissin die Figuren, „rechts steht Ludwig, der sich auf einen Schild stützt, auf den ein weiß-blaues Rautenwappen aufgemalt ist." Es ist das berühmte zweifarbige Wappen der Wittelsbacher, das bereits im Spätmittelalter als Symbol Bayerns bekannt war. Doch dabei stimmt das gar nicht – das weiß-blaue Rautenwappen gehörte Ludwig niemals! Der Kelheimer führte nämlich in seinem Wappen einen Adler und den Scheyernen Zickzackbalken. Wie kommt das Muster also auf seinen Schild?

Die Frage nach der Herkunft des Motivs führt in die Vergangenheit Ludmillas, in die Zeit vor ihrer Klostergründung und vor ihrer Vermählung mit Ludwig dem Kelheimer. Zuvor war Ludmilla – die Tochter des Přemysliden-Herzogs Friedrich von Böhmen (um 1142-1189) – mit dem Grafen von Bogen-Windberg Albert III. (1165-1197) verheiratet. Dort, auf dem markanten Berg bei Straubing, verlebte sie ihre ersten Jahre fernab der Heimat mit dem Grafen und brachte drei Söhne zur Welt: Berthold III. (um 1190-1218), Albert IV. (um 1191-1242) und Leopold (gestorben 1221). Aus den beiden älteren Söhnen sollten später Ritter werden, der Letztgeborene eine geistliche Laufbahn einschlagen. Doch das erlebte deren Vater Albert III. nicht mehr, denn er schloss sich dem Kreuzzug Heinrichs VI. (1165-1197) an und ließ dabei sein Leben. Nach dem Tod ihres Gatten zog Ludmilla das Interesse des Herzogs auf sich.

„Ludwig soll oft nach Bogen geritten sein, um Ludmilla den Hof zu machen. Sie wies ihn allerdings immer wieder ab – nicht, weil sie kein Interesse hatte, sondern weil sie dem Herzog vorwarf, nur Spielchen mit ihr zu treiben", fährt die Äbtissin fort und beginnt, eine bekannte Erzählung wiederzugeben: „Eines Tages soll Ludmilla den Herzog in ihre Gemächer eingeladen und ihm gesagt haben, dass sie seine Liebe erwidern würde, wenn er sie zur Frau nehme. Dann zeigte sie auf einen Wandteppich und bat Ludwig, bei den drei eingewobenen Rittergestalten zu versprechen, dass er sie heiraten werde – was er amüsiert tat. Das Lachen verging ihm allerdings schnell, als er merkte, dass hinter dem Teppich drei echte Ritter standen, die alles bezeugten."

Nachdem Ludwig zunächst einen Groll gegen sie gehegt hatte, obsiegte seine Liebe schließlich und er nahm die Witwe im Jahr 1204 – wie versprochen – zur Frau: ein Aufstieg für Ludmilla, denn dadurch stand ihr der Titel einer Herzogin zu. Und ein geschickter Schachzug Ludwigs, weil er mit ihr als Gattin nun die Kontrolle über die Grafschaft Bogen hatte, die ihm schon lange ein Dorn im Auge war. Ein gemeinsamer Sohn, Otto II. (1206-1253), besiegelte schließlich ihre gemeinsame Zukunft – und die des Wittelsbacher Wappens, wie sich später herausstellen sollte.

Durch Ludmillas Vermählung mit Ludwig beginnt jetzt auch die dokumentierte Geschichte des berühmten Wappens, denn nach der Hochzeit mit dem Herzog gaben sich ihre beiden Söhne aus erster Ehe – die Ritter Berthold und Albert – ein neues Siegel. Das Besondere dabei: Der Reiter auf dem Siegel Bertholds aus dem Jahr 1209 hält einen Schild und ein Banner – mit den charakteristischen Rauten! Eine These ist, dass die Form eine Abwandlung des Gittermusters ist, das sich auf den Siegeln von Ludmillas böhmischen Vorfahren befand. Somit beriefen sich ihre Söhne, die Bogener Grafen, auf die Wurzeln ihrer Mutter.

Die Klosterstifterin Ludmilla und ihr Gatte, Herzog Ludwig I., auf dessen Schild das weiß-blaue Rautenwappen aufgemalt ist.

Nach ihrer Heirat mit Ludwig muss die Herzogin viele Schicksalsschläge hinnehmen: In den Jahren 1218 und 1219 lassen zwei ihrer drei Söhne aus erster Ehe ihr Leben. Im Jahr 1231 folgt die nächste Tragödie: Ludwig wird auf der Brücke in Kelheim von einem Unbekannten erstochen. Nach dem Verlust ihrer beiden Ehemänner und zweier Söhne bleiben der Witwe ihr letzter Sohn aus erster Ehe, Albert, sowie Otto, der Sohn Ludwigs. Das Schicksal des Rautenwappens wird schließlich 1242 besiegelt, als auch Albert aus dem Leben scheidet – und somit das Geschlecht der Grafen von Bogen ausstirbt, weil alle drei Söhne kinderlos und ohne Erben gestorben sind. Somit fallen Otto, dem Halbbruder der Bogener Grafen, ihre Besitztümer zu – und so gelangt schließlich auch das Rautenwappen in den Besitz der Wittelsbacher. Der früheste Nachweis der Rauten als Teil des Wittelsbacher Wappens findet sich 1247 auf einem Siegel von Ludwig II. (1229-1294), dem Sohn Ottos und Enkel Ludwigs.

Der Kelheimer führte also nie das Rautenwappen, denn während seines gesamten Lebens befand sich dieses noch in den Händen der Bogener Grafen. Es handelt sich demnach um eine spätere Zuschreibung: „Das Gedächtnisgrab in der Afrakapelle wurde mehrmals umgebaut – vermutlich bereits Anfang des 14. Jahrhunderts nach einer großen Schenkung dreier Herzöge zum Gedächtnis an ihre Vorfahren", erklärt die Äbtissin. Die heutige Fassung stammt aus dem Jahr 1887, als die Konstruktion umfassend restauriert und umgestaltet wurde. Zu welchem Zeitpunkt das weiß-blaue Wappenmotiv angebracht wurde, kann allerdings nicht mehr rekonstruiert werden. Die älteste *farbige* Darstellung der Rauten – auf den Siegeln der Bogener Grafen sind sie ohne Farbe – findet sich übrigens im *L'Armorial Wijnbergen*, einem französischen Wappenbuch aus der zweiten Hälfte des 13. Jahrhunderts.

„Das Gedächtnisgrab in der Afrakapelle wurde mehrmals umgebaut – vermutlich bereits Anfang des 14. Jahrhunderts nach einer großen Schenkung dreier Herzöge zum Gedächtnis an ihre Vorfahren."

Klar ist jedenfalls, dass das weiß-blaue Rautenmuster zu keinem Zeitpunkt das Wappen Ludwigs des Kelheimers war. Für das Kloster Seligenthal ist aber letztendlich sowieso Ludmilla von viel größerer Bedeutung, denn sie war es schließlich, die das Kloster 1232 stiftete.

So geht's zum Schild:

Die Figuren von Ludmilla und Ludwig mit dem Schild stehen auf der Brüstung der Empore in der Afrakapelle im Kloster Seligenthal, welche nach Anmeldung besichtigt werden kann.

Rosengasse

Rosengasse

Blühende Wiesen und Rosenhecken

In vielen Städten erinnern Straßennamen wie „Rosengasse" an das, was sich einst dort befand – nicht etwa Rosenhecken, sondern etwas, das nur indirekt mit der schönen Blume zu tun hat. Vielerorts leitet sich nämlich dieser Name von den „rosigen Mädchen" der städtischen mittelalterlichen Bordelle ab. So beschreibt die Blume nicht nur eine hübsche Frau, sondern Prostituierte. Und die mussten sich in vielen Städten auch so kleiden, dass sie als solche zu erkennen waren. Daher trugen sie oft ein rotes Tuch auf dem Kopf – und erinnerten auf diese Weise an eine Rose. Doch nicht so in Landshut. „Das städtische Bordell stand nicht hier", unterbricht Dr. Mario Tamme diesen Gedankengang, „sondern in der unteren Freyung." Mit dem verrufenen Gewerbe hat die Rosengasse also nichts zu tun.

Im Sagenbuch *Turmkränzlein* gibt es eine andere Erklärung, wie die Rosengasse und auch die parallel liegende Grasgasse an ihre Namen gekommen sind: Während die Pest in Landshut wütete und ein Mensch nach dem anderen der Krankheit zum Opfer fiel, blieb es in den beiden besagten Gassen irgendwann still. Keiner ging mehr rein, keiner kam mehr raus – dort waren alle gestorben. Als die Seuche überwunden war, mauerten die Stadtbewohner die Zugänge zu den beiden Straßen zu. Nach zwei Jahren jedoch, als der Alltag in das Leben der Menschen zurückgekehrt war, rissen sie die Mauern ein. Und dort, wo zuvor Krankheit und Tod zugegen waren, wuchsen nun Pflanzen: Üppiges Gras überzog die eine Gasse, während in der anderen Rosenhecken blühten. Einen wahren Kern hat die Geschichte auf jeden Fall: „Die mittelalterliche Pest gab es definitiv in Landshut", merkt der Mitarbeiter des Stadtarchivs an. Über die Jahrhunderte hinweg sei es immer wieder zu Pestausbrüchen in der Stadt gekommen. „Zwar liegen zur Pestgeschichte in Landshut leider keine umfangreichen Informationen vor,

„Die mittelalterliche Pest gab es definitiv in Landshut."

Als Historiker weiß Mario Tamme viel zum Namenshintergrund der Rosengasse.

aber es sind Einzelheiten bekannt: Ein Klostereintrag vermerkt, dass die Pest 1348 die Stadt erreichte, nachdem sie sich zuvor in Mühldorf verbreitet hatte."

„Allerdings", muss der Historiker enttäuschen, „ist für die *Grasgasse* belegt, dass sie bereits vor Eintreffen der Pest so genannt wurde. Sie wird erstmals im Saalbuch von St. Martin erwähnt – für das Jahr 1331." Zwar erlebte Landshut – wie viele andere europäische Städte – in den nächsten Jahrhunderten immer wieder Pestwellen, vor allem Ende des 15. Jahrhunderts (siehe Geheimnis Chorbogenkreuz), doch zwischen der Stadtgründung 1204 und dem ersten Auftreten der Krankheit 1348 ist die Pest in Landshut nicht belegt. Somit kann die Erzählung zum Namenshintergrund weder für die Grasgasse noch für die Rosengasse stimmen.

„Ich vermute", fährt Mario Tamme fort, „dass es sich bei den Namen *Rosengasse* und *Grasgasse* um Flurbezeichnungen aus der Anfangszeit der Stadt handelt. Nach der Stadtgründung befand sich der erste Baubestand im Areal rund um die Martinskirche – beziehungsweise den damaligen romanischen Vorgängerbau." Dieses Gebiet erstreckte sich etwa vom Nahensteig im Süden bis zur Steckengasse im Norden. Somit lagen die beiden Gassen zu Beginn außerhalb des ersten Stadtkerns. „Gut vorstellbar, dass sich dort eine Wiese mit Wildblumen – darunter sicherlich auch Rosen – befand." Mit der ersten Stadterweiterung in der ersten Hälfte des 13. Jahrhunderts, bei der sich die Stadt im Norden bis zur heutigen Heiliggeistkirche ausdehnte, entstanden die beiden Gassen – und wurden wahrscheinlich nach der schönen Wiese benannt, die sich einst dort befand. Anders als in vielen Städten hat die „Rosengasse" also nichts mit Frauenhäusern zu tun – auch nichts mit der Geschichte um die Pest –, sondern erinnert daran, was einst dort stand: Rosenhecken.

So geht's zur Rosengasse:

Die Gasse verbindet Altstadt mit Neustadt und liegt eine Parallelstraße nördlich von der Grasgasse, wo sich auch das Rathaus befindet.

Petra Seifert hat viel zur Universität in Landshut und dem Botanischen Garten recherchiert.

20

Gewächshaus

Universitätsstadt Landshut

Umgeben von mächtigen Bäumen und integriert in die Backsteinmauer steht der kleine, unauffällige Bau am Rand der Grünfläche. Kaum beachtet, weil die gegenüberliegende Dominikanerkirche und die restlichen Prachtgebäude des einstigen Klosters, wo heute die Regierung von Niederbayern ihren Sitz hat, das Augenmerk auf sich ziehen. Doch hinter dem kleinen Anbau in der Mauer steckt eine große Geschichte. „Es sind die Reste eines Gewächshauses, das Teil des Botanischen Gartens der Universität war", erklärt Petra Seifert. Dieses habe damals als Anbaufläche für die Forschung des Botanikers Franz von Paula Schrank (1747-1835) gedient.

Nachdem Ludwig der Reiche (1417-1479) im Jahr 1472 die Universität in Ingolstadt gegründet hatte (siehe Geheimnis Gedenkstein), blühte dort die akademische Lehre an der Hohen Schule für beinahe

350 Jahre. Doch die Institution litt zunehmend unter einem immer größer werdenden Konflikt: „Die Professorenschaft teilte sich in zwei Lager – die einen waren konservativ und wollten am jesuitisch-katholischen System festhalten, während die anderen für Aufklärung und Fortschritt plädierten", erklärt die Museumspädagogin. So kam es, dass Kurfürst Max IV. Joseph (1756-1825) eine gewichtige Entscheidung traf: „Um den Konflikt zu entschärfen, verlegte er die Universität im Jahr 1800 nach Landshut", fährt sie fort.

Zunächst wurden dafür die Räumlichkeiten des Jesuitenkollegs genutzt, zwei Jahre später das ehemalige Dominikanerkloster, dessen Gebäude durch die 1802 durchgeführte Säkularisation zur Verfügung standen. Somit war die „Ludwig-Maximilians-Universität" geboren, benannt nach dem Gründer Ludwig dem Reichen und Maximilian, der sie nach Landshut geholt hatte und 1806 zum ersten König des von Napoleon zum Königreich erhobenen Bayern aufstieg. In den kommenden Jahren erreichte die Universität in Landshut eine Rückkehr zu einer qualitätsvollen Lehre, während die Stadt vom akademischen Flair, Veranstaltungen und dem wirtschaftlichen Wachstum profitierte.

Die Überreste des einstigen Gewächshauses in der Grünanlage gegenüber der Dominikanerkirche.

Einer der Professoren, die von Ingolstadt mit nach Landshut kamen, war besagter Franz von Paula Schrank. „In Landshut hat er den Botanischen Garten eingerichtet und wurde bald auch erster Direktor des Botanischen Gartens in München", erklärt die Museumspädagogin. So wurde aus dem 1804 an die Universität übergebenen ehemaligen Hofgarten der Botanische Garten. In seiner Schaffenszeit hat Franz von Paula Schrank unzählige Pflanzen und Tiere beschrieben und erhielt später für seine Leistungen den Verdienstorden der Bayerischen Krone. Der Botanische Garten diente übrigens nicht nur zu Forschungszwecken, sondern konnte auch von den Universitätsangehörigen zum Spazierengehen genutzt werden.

Doch die Auseinandersetzung, die in Ingolstadt begonnen hatte, schwelte noch immer. Franz von Paula Schrank war beispielsweise gegen die Aufklärung. Einer seiner Widersacher, Georg August Bertele (1767-1818) – ebenfalls in der Arzneimittellehre tätig –, befürwortete hingegen den Fortschritt. „Der Konflikt zwischen den beiden Männern steht stellvertretend für die Probleme an der ganzen Universität", erklärt Petra Seifert, die zu dem Thema umfänglich recherchiert hat. Viele Professoren hätten die Hochschule bald verlassen, die Qualität der Lehre nahm wieder ab, und es folgten finanzielle Probleme. Schließlich endet die Geschichte der Landshuter Universität 1826 mit der Verlegung nach München, wo noch immer die in Landshut gegründeten Studentenverbindungen „Corps Bavaria" und „Corps Isaria" existieren. Es gab allerdings einen Ausgleich für das Fehlen der Hochschule. „Die Chirurgenschule wurde 1826 von München nach Landshut verlegt", merkt die Museumspädagogin an. Das ehemalige Anatomiegebäude steht noch heute, und zwar am Eingang zum ehemaligen Botanischen Garten, der allerdings heute größtenteils von der Regierung von Niederbayern als Parkplatz genutzt wird.

„Der bekannteste Student der Universität Landshut", sagt Petra Seifert, „ist wohl Ludwig I., seit 1825 der König Bayerns." Diesem erteilten 1803, während er in der Stadtresidenz Quartier hielt, ein Semester lang Landshuter Professoren Privatunterricht. Als Erinnerung an diese Zeit ließ er auf dem Dreifaltigkeitsplatz eine Statue von Ludwig dem Reichen, dem Gründer der Universität in Ingolstadt, aufstellen. Wer weiß, wie oft König Ludwig I. selbst durch den Botanischen Garten spazierte, der erst nach der Verlegung der Universität für die Bürgerschaft geöffnet wurde. Noch heute erinnert das kleine Gewächshaus in der Mauer aus Backsteinziegeln daran, ebenso wie die mächtigen Bäume, die in jener Zeit gepflanzt worden waren.

So geht's zum Gewächshaus:

Die baulichen Reste des Gewächshauses befinden sich östlich der Neustadt in der Grünanlage gegenüber der Dominikanerkirche.

In paCe DorMIentes CLangentI tVba eVIgILabVnt
HAUPTFRIEDHOF

Portal

Zweimal zwölf Zeugen

Könnten die Männer sprechen: Was würden sie erzählen, was haben sie in den vergangenen 800 Jahren gesehen und erlebt? Einst angebracht am Eingang der Kirche des Benediktinerordens in Münchsmünster bei Neustadt an der Donau fanden sie – mitsamt des Portalgewändes – ihren Weg nach Landshut, wo die Köpfe seitdem am Eingang des Hauptfriedhofs verweilen. „Das Portal wurde 1820 aus der ehemaligen Kirche nach Landshut übertragen, nachdem das Kloster mit der Säkularisierung 1803 abgebrochen wurde", erklärt Josef Wiesmüller, Architekt und 1. Vorsitzender des Vereins „Freunde der Altstadt Landshut". Dort war es ursprünglich Teil eines größeren Bildwerks, dessen Aussehen durch einen Kupferstich überliefert ist: Das Portal bestand aus vier Säulen und im Tympanon, dem kleinen Bildfeld über dem Türsturz, war zwischen Sonne, Mond und Sternen ein Opferlamm dargestellt. Darüber zierte die Fassade ein Relief mit Kruzifix und bärtigem Kopf sowie Fantasiewesen – halb Mensch, halb Tier. Umgeben war die gesamte Komposition von einem rechteckigen, geschmückten Rahmen.

Doch die gesamte Fassade war zu groß und manche Bildmotive nicht erwünscht, wie es scheint. Von den einstigen vier Säulen sind drei erhalten, nachdem die innerste Säule abgebrochen wurde, um so einen breiteren Eingang zu schaffen. Von den ursprünglich 28 Köpfen sind zwölf auf jeder Seite geblieben. Diese befinden sich seit dem Bau des Portals in der ersten Hälfte des 13. Jahrhunderts auf Höhe des Säulenkapitells. „Ihre Bärte, die wie Schnüre verlaufen, sind miteinander verflochten und verbinden so alle Köpfe miteinander", sagt Thomas Stangier, ebenfalls Vereinsvorsitzender der „Altstadtfreunde", Kunsthistoriker und kommissarischer Leiter der Städtischen Museen, „falls also einer den Kopf bewegt, leiden alle darunter."

Darüber, warum dieses Motiv zur Gestaltung der Klosterkirche gewählt wurde, kann nur spekuliert werden. Eine plausible Erklärung,

Die Überreste des ehemaligen Portals der Kirche des Klosters Münchsmünster wurden 1820 am Hauptfriedhof verbaut.

so überlegt Dieter Dörfler in *Auf den Spuren einer mittelalterlichen Stadt*, könnte jedoch der Rückbezug auf vergangene keltische Traditionen sein. Bei den Kelten war es Brauch, die besiegten Feinde zu enthaupten und deren Köpfe als Siegeszeichen, beispielsweise an Häusern, zur Schau zu stellen. Das Kloster Münchsmünster befand sich – wenn auch zeitlich viele Jahrhunderte später – auf dem einstigen Gebiet keltischer Völker und in großer Nähe des „Oppidums" Manching, einer keltischen Stadt, die in den letzten drei Jahrhunderten v. Chr. existierte. Mit der Expansion des Römischen Reichs wurde auch das Gebiet um Manching Teil des Imperiums. Und während der ersten nachchristlichen Jahrhunderte, in der Zeit der Spätantike, als die Römer die Grenzen ihres Reichs bereits durch den Limes gefestigt hatten, kam es zwangsläufig zur Vermischung der kulturellen Vorstellungen und Bräuche. Insbesondere im Zuge der Christianisierung integrierten die Römer lokale Traditionen in die für die ansässige Bevölkerung neue Religion, um für die Menschen diese Umstellung zu erleichtern.

Zwölf bärtige Köpfe, deren Bärte wie Schnüre verlaufen und miteinander verbunden sind, zieren auf jeder Seite das Portal.

Als Tassilo III. (um 741-796), Vetter Karls des Großen (747/748-814), das Kloster Münchsmünster gründete, war die Christianisierung in diesem Gebiet bereits abgeschlossen. Wie an der Klosterkirche fanden sich solche Kopfskulpturen auch an anderen Gotteshäusern in der Gegend, wie Dörfler schreibt. Ob der Rückgriff auf solche keltischen Bildmotive tatsächlich ein Verweis auf den grausamen einstigen Brauch der Enthauptung ist, scheint zunächst zweifelhaft zu sein, lagen zwischen der Existenz der keltischen Stadt bei Manching einerseits und der Kirchengründung andererseits doch immerhin mehr als acht Jahrhunderte. Aber auf dem Weg über alte Traditionen fanden diese Kopfdarstellungen vermutlich Eingang in die verwendete Ikonografie, auch wenn diese nun wahrscheinlich eine ganz andere

Bedeutung besaß. Wie sie letztlich zu interpretieren ist, kann daher nicht mehr rekonstruiert werden.

Abgesehen von den Köpfen hat sich von der originalen Fassade nicht viel erhalten. Dafür ziert heute eine Inschrift das Portal. In römischer Schrift steht geschrieben: *IN PACE DORMIENTES CLANGENTI TVBA EVIGILABVNT*. „Die in Frieden Ruhenden werden beim Klang der Trompeten erwachen", übersetzt Stangier. „Besonders gelungen finde ich den Zahlencode, das Chronogramm, das sich darin versteckt", fährt der Kunsthistoriker fort. Denn einige der Buchstaben seien größer dargestellt als andere. „Sieht man diese nun als römische Zahlen und addiert sie, dann erhält man die Zahl 1820 – das Jahr, in dem das Portal am Hauptfriedhof errichtet wurde." Zuvor war der Friedhof der Armen- und Soldatenfriedhof gewesen. Nachdem 1805 allerdings die Friedhöfe bei den Pfarrkirchen aufgelassen wurden, erklärte die Stadt diesen zum Hauptfriedhof. Er erhielt eine Ummauerung, eine Kapelle, vier Seiteneingänge und schließlich auch das große Hauptportal mit den Resten der Klosterkirche Münchsmünster, nachdem es dort einem Handelsmann abgekauft worden war.

„Besonders gelungen finde ich den Zahlencode, das Chronogramm, das sich darin versteckt."

Seitdem wachen die zweimal zwölf Männer über dem romanischen Portalgewände; sie nahmen wahr, wie Trauernde das Tor passierten, um an Bestattungen berühmter Persönlichkeiten wie Max von Oppenheim (siehe Geheimnis Grabstein) teilzunehmen, und können verfolgen, wie noch heute täglich viele Menschen das Portal durchschreiten. Allerdings – *gesehen* haben sie wohl gar nicht viel, sind doch ihre Augen geschlossen …

So geht's zum Portal:

Das Portal mit den bärtigen Köpfen befindet sich am Haupteingang des Hauptfriedhofs, der im Westen, am Ende der Bauhofstraße, liegt.

22

Grünfläche

Unter dem Schutz des Herzogs

Wer in Landshut auf dem Dreifaltigkeitsplatz steht, den lockt von dort bereits die Altstadt: Vor dem riesigen Backsteinturm der Martinskirche versprechen die bunt aneinandergereihten Häuserfassaden, die von hier bereits zu erkennen sind, eine pittoreske Szenerie. Dass an diesem Platz auch einst eine Synagoge stand, ist kein Geheimnis. Am Rand des Rasens verweist eine Schmelzglastafel, angebracht an einem Findling, auf deren ehemalige Lage. „Die Synagoge befand sich nicht auf der Grünfläche, sondern dahinter, direkt am Burghang“, erklärt Alexander Langkals, der die Gedenktafel entworfen hat. Weitaus weniger bekannt ist hingegen, dass sich hier auf der großen Freifläche mit der Statue Ludwigs des Reichen (1417-1479) und in der angrenzenden Straße in die Innenstadt einst ein Haus an das andere reihte. Das gesamte Areal von der Ländgasse im Norden bis zur Alten Bergstraße im Süden stand voller Gebäude und Häuser – denn hier befand sich das jüdische Viertel.

Ein Sprung zurück in die Vergangenheit, in das 14. Jahrhundert: Landshut existiert seit mehr als 100 Jahren, die Kernstadt hat sich vom Nahensteig im Süden bis zur heutigen Heiliggeistkirche im Norden ausgedehnt. Seit Beginn der Stadtgründung durch Ludwig den Kelheimer (1174-1231) im Jahr 1204 haben die Landshuter Herzöge als Landesherren auch die Stellung des Stadtherrn inne, wobei sie den Bürgern im Laufe des 13. Jahrhunderts Privilegien gewähren. Dadurch verfügt die Bürgerschaft gegenüber dem Herzogtum über eine gewisse Autonomie, besiegelt durch das Stadtrecht (siehe Geheimnis Burgfriedenssäule). Für die Juden gilt das allerdings nicht, denn sie unterstehen dem Herzog direkt. So suchen sie, wie auch die Bediensteten des Hofes, die Nähe zur Burg und siedeln auf Höhe des heutigen Dreifaltigkeitsplatzes. „Allerdings bestand hier nie ein Ghetto, also kein abgeschlossener Bezirk nur für Juden“, erläutert der Mitarbeiter des Stadtarchivs,

Alexander Langkals hat die Erinnerungstafel an die Synagoge entworfen. Hinter ihm der Herzogskasten und die Burg Trausnitz.

„in diesem Areal lebten einfach viele Juden." Die Herzöge profitieren einerseits von den Zinsen der jüdischen Geldverleiher und bieten ihnen andererseits Schutz am Fuße der Burg – so war es zumindest gedacht.

Bereits im 14. Jahrhundert zeichnet sich ab, was der jüdischen Gemeinde Landshuts in den nachfolgenden Jahrhunderten widerfahren wird: Sie werden als Sündenböcke für Katastrophen verfolgt und verbannt. Das Motiv ist allerdings nicht religiös bestimmt, geht es doch eigentlich um etwas viel Profaneres – um Geld. In Landshut werden die ersten Juden nach dem Deggendorfer Pogrom verfolgt, das sich im Jahr 1338 ereignet. Auslöser soll dort eine Hostienschändung gewesen sein. Doch naheliegend ist, dass es dabei um Schulden ging: Nach einem großen Stadtbrand in Deggendorf kommt es zu einer Heuschreckenplage – und somit zum Ausfall der Ernte und der damit verbundenen Einnahmen. Nachdem die Menschen sich also vermutlich Geld für den Wiederaufbau liehen, können sie ihre Schulden nicht zurückzahlen. Dafür spricht, dass der Ausbruch der Judenverfolgung in Deggendorf exakt einen Tag nach dem Stichtag zur Schuldenrückzahlung stattfindet. Eine Welle der Gewalt breitet sich auch auf andere Städte aus, auch in Landshut soll es Judenmorde gegeben haben. Ein ähnlicher Verlauf spielt sich 1349 ab, nachdem in Landshut die Pest wütete. Der Vorwurf dieses Mal: Die Juden sollen das Brunnenwasser vergiftet haben. Die Hintergründe der Verfolgung sind komplex, aber Geld spielt wieder eine große Rolle. In beiden Fällen bieten die Herzöge keinen Schutz, schlimmer noch, sie sind möglicherweise sogar Anstifter oder zumindest Unterstützer der Verfolgungen. Dennoch – nach ihrer Vertreibung Ende des 14. Jahrhunderts kehren die Juden schließlich nach Landshut zurück: an den heutigen Dreifaltigkeitsplatz, an die Ausläufer der Burg.

Unter Herzog Heinrich dem Reichen (1386-1450) sollen die Juden unter besonderem Schutz gestanden haben, während dieser Zeit werden sie nicht zum Opfer von Verfolgungen. Dennoch verlieren – zumindest einige – in dieser Zeit ihr Zuhause: Heinrich lässt die Judengasse und das Judentor im Jahr 1410 abreißen (siehe Geheimnis Haus ohne Bögen). Mit der jüdischen Gemeinde selbst hat der Eingriff allerdings wenig zu tun, es geht scheinbar vielmehr um das Stadtbild und somit um die Lage der Häuser: Denn das Areal, in dem die Juden und auch viele Bedienstete des Hofes leben, trennt das Burgareal von der Stadt. Somit werden die dicht an dicht gebauten Häuser der Judengasse – wo heute die Straße in die Innenstadt verläuft – abgebrochen. Diese befanden sich zwischen Nahensteig und der heutigen Grünfläche, den Herzogskasten gab es zu der Zeit noch nicht. „Einige dieser alten Fundamente zu sehen, die im Jahr 2004 bei Ausgrabungen freigelegt wurden, war sehr interessant. Doch leider war es nur ein kleiner Bereich. Wer weiß, was hier unter der Oberfläche, auf der das alltägliche Leben stattfindet, noch schlummert …“, überlegt Alexander Langkals.

„Wer weiß, was hier unter der Oberfläche, auf der das alltägliche Leben stattfindet, noch schlummert …“

Doch das Schlimmste drohte den Juden erst noch: die Vertreibung durch Ludwig den Reichen 1450. Genossen die Juden unter Heinrich noch großen Schutz – auch wenn er das Viertel umgestaltete –, so änderte sich das mit dessen Sohn Ludwig. Zwar soll Heinrich seinen Vertrauten aufgetragen haben, den Juden nach seinem Tod weiterhin Schutz zu bieten und deren Rechte zu wahren. Doch es sollte anders kommen. Die Blüte Landshuts unter der Regentschaft Heinrichs und Ludwigs – nicht ohne Grund „die Reichen“ genannt – hatte ihren Preis. Die Landstände waren hoch verschuldet und beklagten sich wegen ihrer Schulden beim Herzog. Am 5. Oktober 1450 werden die Juden, bei denen die Landstände verschuldet waren, aus dem Herzogtum, und so auch aus Landshut, ausgewiesen. Wer sich nicht taufen lässt, muss die Stadt verlassen – das Vermögen wird eingezogen. Die gebliebenen Juden müssen ihren Schuldnern die Schulden erlassen. Auch die Beschwerden König Friedrichs III. (1415-1493) – die Juden stehen auch unter dem Schutz des Königs beziehungsweise des Kaisers – helfen nichts. Ludwig bleibt stur und demonstriert seine Macht. „1451 wurden an die einstige Synagoge schließlich Chor und Turm angebaut und der Bau zur Dreifaltigkeitskirche geweiht“, erklärt Kunsthistoriker Alexander Langkals. Seitdem durften sich keine Juden mehr unterhalb der Burg niederlassen. „Danach folgte der Herzogs-kasten, der im Jahr 1468 gebaut wurde.“

Dass an jenem Ort, wo früher die Juden gelebt haben, eine Statue von Ludwig dem Reichen steht – also dem Mann, der sie endgültig aus der Stadt verbannt hat –, steht damit nicht in Zusammenhang. Hintergrund ist, dass der bayerische König Ludwig I. (1786-1868) der Stadt dieses Bronzedenkmal in Erinnerung an Ludwig den Reichen geschenkt hat und hier aufstellen ließ. Er hatte zuvor ein Semester an der Universität in Landshut studiert, die Herzog Ludwig 1472 in Ingolstadt gründete und die ab 1800 für einige Zeit in den Gebäuden des ehemaligen Dominikanerklosters in Landshut bestand (siehe Geheimnis Gewächshaus).

„1451 wurden an die einstige Synagoge schließlich Chor und Turm angebaut und der Bau zur Dreifaltigkeitskirche geweiht."

Die Vertreibung der Juden durch Ludwig einerseits und die Aufstellung seiner Skulptur andererseits waren also voneinander unabhängige Ereignisse.

Wer das nächste Mal über den Dreifaltigkeitsplatz schlendert und den Blick stadteinwärts auf die eng aneinandergereihten Häuser genießt, weiß nun, dass die Freifläche einst dicht bebaut war: ohne Herzogskasten und Grünfläche, dafür mit Synagoge, Badhaus und zahlreichen Häusern der jüdischen Gemeinde.

So geht's zur Grünfläche:

Die Grünfläche befindet sich am südlichen Ende der Altstadt auf dem Dreifaltigkeitsplatz.

Die ineinander verschlungenen Initialen „J" und „B" gehören dem Bierbrauer Josef Bals, der 1844 die neugotische Fassade anbringen ließ.

23

Initialen

Landshut und das Bier

Weißbier, Pils, Lager, Kellerbier und vieles mehr – die Liste an Biersorten ist lang, und vor allem im Freistaat Bayern ist die Auswahl groß. Dass auch in Landshut gerne das „kühle Blonde" getrunken wurde, daran erinnert das Relikt an einem Haus in der Altstadt: Zwei Wappen zieren den oberen Teil der Fassade, eines davon trägt vier Sterne, das andere die miteinander verschmolzenen Initialen *J* und *B*. Sie bezeichnen den vermögenden Bierbrauer Josef Bals, der das Haus seit 1837 besaß und 1844 die neugotische Fassade mit Treppengiebel anbringen ließ, wie die Zahlen in den vier Ecken des Wappens verraten. Schließlich war Josef

Bals kein unbedeutender Bierbrauer: Nach ihm ist das Balsgäßchen benannt, das auf der Rückseite des Anwesens liegt, und das Balsschlösschen, das 1839 für den Braumeister zu einem Sommerkeller umgebaut wurde. Heute befindet sich die städtische Jugendherberge darin.

Bevor das Anwesen in der Altstadt in den Besitz des Braumeisters gelangte, war dort vom 16. bis zum 18. Jahrhundert der Weingasthof „Zur goldenen Traube" angesiedelt. Nicht verwunderlich, denn ausgerechnet im „Bierland" Bayern war Wein lange, vor allem während des Mittelalters, das bevorzugte Getränk. Aus mehreren Gründen änderte sich das ab dem 17. Jahrhundert, und in der nachfolgenden Zeit erlebte Bier hierzulande einen Aufschwung. Einer der Gründe, sein „Erfolgsrezept", war sicherlich das weltbekannte bayerische Reinheitsgebot, 1516 von Wilhelm IV. (1493-1550) und Ludwig X. (1495-1545) in Ingolstadt erlassen, dementsprechend Bier nur aus Gerste, Hopfen und Wasser gebraut werden darf. Weitaus weniger bekannt als das Reinheitsgebot selbst, das die Entwicklung des Bierbrauens – bis heute – maßgeblich beeinflusst hat, sind dessen Ursprünge. Und die liegen in Landshut.

„Bevor das Anwesen in der Altstadt in den Besitz des Braumeisters gelangte, war dort der Weingasthof ‚Zur goldenen Traube' angesiedelt."

Das Gebot, das noch immer vor Zusätzen wie Aromen, Farbstoffen und Enzymen schützt, diente damals einem ähnlichen Zweck: Denn im Mittelalter – und sogar noch in der Neuzeit – wurden dem Bier nicht nur fragwürdige, sondern auch sehr gefährliche Zutaten beigemischt, um die Flüssigkeit haltbar zu machen und geschmacklich aufzuwerten. Der Hopfen, dem das Bier heutzutage seine „Würze" verdankt, ist als Geschmacksträger und Konservierungsmittel zwar seit dem frühen Mittelalter bekannt, doch auch nach dessen Entdeckung fanden Zusätze wie Baumrinden, Pilze, Wacholderbeeren und bittere Wurzeln ihren Weg ins Bier – und manche der hinzugefügten Zutaten waren hochgiftig, weswegen im Mittelalter Landesherren und Stadträte begannen, Brauordnungen zu erlassen.

Die Vorstufe des Reinheitsgebots war die Landshuter Brauordnung von 1409, die besagte, dass Bierbrauer nur gutes Malz verwenden dürfen. Verschärft wurde diese Maßnahme 1486: Es galt nun das ausdrückliche Verbot, etwas „Fremdes" ins Bier zu tun. Darauf basierend wurde ein Jahr später in München verordnet, dass Bier aus nichts anderem als Gerste, Hopfen und Wasser bestehen dürfe. Und schließlich machte 1493 der in Landshut residierende Herzog Georg der Reiche (1455-1503) erstmals ein Reinheitsgebot für das ganze Herzogtum Bayern-Landshut zur Norm – zwanzig Jahre bevor Wilhelm IV. am 24.4.1516 in Ingolstadt das heute so bekannte bayerische Reinheitsgebot erließ.

Dass für die Bierherstellung nur Gerste – oder vielmehr Gerstenmalz – verwendet werden darf, geht auf eine andere Vorschrift zurück. Das Nürnberger Gebot von 1315 besagte, nur mit dieser Getreidesorte dürfe gebraut werden. Auslöser war eine Hungersnot, derentwegen die anderen Feldfrüchte dringend gebraucht wurden. Heute hingegen sind auch Malzsorten aus Weizen, Dinkel und Roggen für obergärige Biere wie Weizenbier erlaubt. Auch Hefe darf als vierte Zutat beim Brauen verwendet werden. Zu der Zeit, als das Reinheitsgebot erlassen wurde, war diese kaum erforscht, weswegen sie darin nicht ausdrücklich genannt wird: Damals fanden Gärungsprozesse in den Brauereien zufällig statt, denn aufgrund der Bäckerstuben, die oftmals neben den Brauereien lagen, befanden sich Hefepilze in der Luft.

Für untergäriges Bier wie Pils, Export, helles oder dunkles Lagerbier gilt noch immer, dass – neben Hefe – nur Gerstenmalz, Hopfen und Wasser verwendet werden darf. Ganz im Sinne der Landshuter Brauordnungen von 1409, 1486 und 1493 und dem weltbekannten Reinheitsgebot von 1516!

So geht's zu den Initialen:

Die beiden Wappen befinden sich an einer Hausfassade zwischen Dreifaltigkeitsplatz und der Martinskirche in der Altstadt 195.

24

Mauer

Moderne trifft Mittelalter

„Es ist eine meiner Lieblingsarbeiten", sagt Architekt Karl Sperk. Vorbeilaufende würden den „Schatz" allerdings meistens nicht wahrnehmen, weil nur ein winziger Teil davon durch eine große Glasfront zu sehen ist: Als das dazugehörige Haus gegenüber der Südseite der Heiliggeistkirche Anfang der 2000er-Jahre saniert wurde, stießen die Bauherren im Untergeschoss auf Reste eines Fundaments – die Überbleibsel der einstigen Stadtmauer aus der Zeit der ersten Erweiterung der Kernstadt. Nach der Stadtgründung im Jahr 1204 durch Ludwig den Kelheimer (1174-1231) erstreckte sich diese etwa vom Nahensteig im Süden bis zur Steckengasse im Norden. Inmitten dieses „Rundlings" – wie die meisten romanischen Städte geformt waren – zog sich eine breite Hauptstraße mit angrenzenden Höfen an dem Vorgängerbau der heutigen Martinskirche vorbei. Rundum verlief ein Wall-Graben-System zum Schutz der Bewohner.

Bald schon benötigte die Bürgerschaft mehr Platz. Einerseits hatte der Ausbau der Burg unter Ludwig dem Kelheimer Folgen. Vor allem, nachdem dessen Sohn Otto II. (1206-1253) die Festung bezogen hatte und somit sein ganzer Hof bedient, bewirtschaftet und unterhalten werden wollte. Andererseits wuchs die Wirtschaft stetig – nach der Landesteilung von 1255 gewährte Herzog Heinrich (1235-1290) ab 1256 den Bürgern gewisse Privilegien und Rechte. So kam es bereits in der ersten Hälfte des 13. Jahrhunderts zu einer Erweiterung der Stadt nach Norden (siehe Geheimnis Rosengasse). „Hier verlief die nördliche Grenze der Stadtmauer der ersten Erweiterung", sagt Karl Sperk. Statt eines Systems aus Wall und Graben umgab eine aus Backsteinen bestehende Mauer das erweiterte Gebiet, das sich an seiner Nordausdehnung bis an die heutige Heiliggeistkirche erstreckte. Unter der nördlichen Außenwand des Hauses, in dem die Mauerreste gefunden wurden, verlief die einstige Stadtmauer vom nordöstlichen Eck-

Architekt Karl Sperk ist begeistert von der mit originalen Bauteilen wiederaufgebauten Stadtmauer aus dem 13. Jahrhundert.

turm entlang des Hl. Geist Friedhofs nach Westen bis zum blauen Thurmtor, dem damaligen Nordtor der Altstadt. „Die 1,20 Meter breite, zweischalige Backsteinmauer wurde so ausgeführt, dass die beiden längs gerichteten Mauerschalen in regelmäßigem Abstand durch sie verbindende, querliegende Mauerstücke stabilisiert wurden. Die Zwischenräume wurden durch Isarkies, gemischt mit Heißmörtel, aufgefüllt", erklärt der Architekt den Aufbau.

Doch auch dieser Platz reichte für den fortschreitenden Wohlstand der Bürger nicht aus, die sich deshalb nach mehr Raum sehnten. Viele der reichen Bürger ließen nun zwar zwei oder mehr schmale Häuser aneinanderbauen, doch es gab einfach nicht genug Fläche. So entstand schließlich die Neustadt – die so „neu" gar nicht ist: Bereits in der zweiten Hälfte des 13. Jahrhunderts verdoppelte sich die Fläche der Stadt nach Osten in das Areal der heutigen Neustadt. In der ersten Hälfte des 14. Jahrhunderts erweiterte sie sich schließlich um die Freyung, wenige Jahrzehnte später war auch das Areal nördlich der Heilig-Geist-Gasse Teil des Stadtgebiets. Allerdings wurde diese Stadtmauer erst 1447 an das Ufer der Isar verlegt, den heutigen Orbankai.

Durch die Glasfront des Treppenhauses sind Teile der im Untergeschoss wiederaufgebauten Mauerreste der Stadtmauer zu sehen.

Westlich von dem ehemaligen Nordosteckturm der Stadtbefestigung steht heute das sanierte Haus, dessen Ursprünge auf das Jahr 1475 zurückgehen, wie dendrochronologische Untersuchung des Dachstuhls ergaben. Vor dem 19. Jahrhundert war es noch mit dem benachbarten Gebäude verbunden, dessen Giebelseite zur Altstadt zeigt. Doch erst durch die Dreistigkeit eines Bierbrauers kam es dazu, dass die ehemalige Stadtmauer architektonisch in das Haus integriert wurde: Im Jahr 1733 baute nämlich besagter Bierbrauer sein Haus ungefragt *auf* die Mauer! Zwar wurde sein Vorgehen toleriert, aber er und seine Nachfolger hatten fortan für die Instandhaltung der Mauer zu sorgen und „für alle Zeiten" der Stadtkammer eine gewisse Summe zu entrichten. Im Laufe der Zeit, durch Umbauten und Wiederaufbauten, gerieten die Überreste in Vergessenheit – bis zur Sanierung Anfang der 2000er-Jahre. „Allerdings jedoch", schränkt Karl Sperk ein, „ist es nicht die originale Mauer, es sind aber die originalen Ziegelsteine." Für die Dichtigkeit der Kellerräume war es nämlich unerlässlich gewesen, diese abzutragen und dann im neuen Keller an gleicher Stelle wiederaufzubauen. Doch die Architekten dokumentierten die vorgefundenen Mauerreste exakt und sie rekonstruierten diese unter Verwendung der originalen Backsteinziegel. So wurden die Mauerreste zum integralen Bestandteil des neuen Treppenhauses im Keller.

„Allerdings jedoch ist es nicht die originale Mauer, es sind aber die originalen Ziegelsteine."

„Auf einigen Ziegeln waren sogar noch Abdrücke von Fingern und Füßen zu sehen!", schwärmt der Landshuter. Diese entstanden beim Trocknen der Ziegel, wobei nicht klar ist, ob sie sich in der Mauer verewigen wollten oder versehentlich in den noch nassen Ton fassten. Diese besonderen Exemplare ließen die Architekten bewusst oben auf der wiederaufgebauten Mauer anbringen. „Das ist schon sehr beeindruckend", fährt er fort, „zu wissen, dass die Steine mehr als 700 Jahre alt sind." Der Terrakottakopf in der Ecke, ergänzt Karl Sperk, habe allerdings nichts damit zu tun, dieser sei nur Dekoration.

Dank der Integration der mittelalterlichen Mauer in den modernen Bau bleibt Geschichte lebendig und kann jeden, der durch die Glasfassade schaut, an die Stadtbefestigung erinnern, die dort einst verlief.

So geht's zur Mauer:

Das Haus befindet sich gegenüber dem Südeingang der Heiliggeistkirche in der Altstadt 392a. Durch die große Glasfront sind die wiederaufgebauten Mauerreste zu sehen.

Werner Ebermeier kennt die Geschichte der Stadt - und die des schmalen Hauses am Dreifaltigkeitsplatz.

25

Schmales Haus

Klein, aber fein

Ach, wie niedlich! Wie viele andere Häuser in der Innenstadt präsentiert sich das Anwesen mit hübscher Fassade. Das erste Mal wird es im 13. Jahrhundert erwähnt, der erste namentlich bekannte Hausbesitzer ist für das Jahr 1475 belegt – und ab 1652 wohnten hier für mehr als 150 Jahre Kaminkehrer, bis 1871. Danach befand sich darin zunächst eine Mehlhandlung. Schließlich bezog 1917 der Friseursalon Koppauer, der heute in vierter Generation betrieben wird, das Anwesen.

Eigentlich eine ganz normale Geschichte, wäre da nicht die Tatsache, dass das Haus sehr ungewöhnlich ist. Es fällt nämlich auf Anhieb durch seine Größe auf – oder besser gesagt – durch seine Kleinheit: Ebenso wie die Nachbarhäuser verfügt es über drei Stockwerke oberhalb des Parterres, aber diese beanspruchen lediglich die Höhe des zweiten Stocks der Häuser rechts und links. Und noch etwas: „Das Haus am Dreifaltigkeitsplatz besitzt eine Breite von nur 3,90 Metern", erklärt Werner Ebermeier. Weniger als vier Meter Breite – ein Umstand, der die Einrichtung des Wohnraums womöglich etwas schwierig macht. Es hat jedoch auch eine Eigenschaft, die von außen nicht wahrgenommen werden kann, aber recht erstaunlich ist: Zwar ist das Häuschen nicht breit, besitzt dafür aber eine Raum*länge* von 30 Metern! Genug Platz also für das ebenerdige Friseurgeschäft und je zwei Wohnungen in den oberen Geschossen. Die beiden Fenster der einen Wohnung blicken auf den Dreifaltigkeitsplatz, die andere Wohnung liegt auf der Rückseite des Hauses.

Dass überhaupt so ein schmales Haus gebaut wurde, hat einen sehr einfachen, monetären Grund: Früher wurde die Steuerlast nach Frontmetern berechnet. Daher bot es sich an, die Häuser mehr in die Tiefe, statt in die Breite zu bauen. „Über die Größe der Häuser und die Zahl der Stockwerke vermittelt das Stadtmodell von Jakob Sandtner aus dem 16. Jahrhundert einen recht guten Eindruck", merkt der Historiker an. „Vor allem die reiche Bürgerschaft", fährt Werner Ebermeier fort, „ließ im Laufe der Zeit zwei oder mehr Häuser zusammenbauen, aus denen dann die breiteren Anwesen entstanden."

Zu Beginn, nachdem Ludwig der Kelheimer (1174-1231) die Stadt Landshut im Jahr 1204 gegründet hatte, sah die Häuserfront in der Innenstadt ganz anders aus. Nicht nur war die Stadt viel kleiner, sondern auch die Häuser hatten nicht die prachtvollen Fassaden von heute, waren wohl nicht ganz so hoch und vor allem – nicht so breit!

So geht's zum schmalen Haus:

Das Gebäude befindet sich nahe der südlichen Altstadt am Dreifaltigkeitsplatz 14.

Röckltum

Flucht über die Länd

Heute Literaturcafé und Ausstellungsraum, früher geheimer Versammlungsort für sich auflehnende Bürger? Dass der Turm nach Dietrich Röckl benannt ist, dem Anstifter der Bürgerverschwörung im Jahr 1410, darauf verweist bereits die an der Außenseite angebrachte Tafel. Doch das Treffen der Verschwörer gegen Herzog Heinrich den Reichen (1386-1450) hat, obwohl der Bau nach dem Anstifter benannt ist, nicht im Röcklturm stattgefunden – wie viele es denken. Einer der Gründe, wieso die Verschwörung oft fälschlicherweise auf den Röcklturm verortet wird, ist die Sage im *Turmkränzlein*. Demnach soll der Hofnarr Heinrichs die Verschwörung aufgedeckt haben: „Nachts war der Narr in der Stadt unterwegs und kam zufällig am Röcklturm vorbei, wo er Stimmen hörte und das Gespräch der Verschwörer belauschte, die einen Bürgeraufstand geplant haben sollen", gibt Annette Zaunseder die Sage wieder. Schnell sei der Narr zur Burg hochgeeilt und habe dem Herzog davon berichtet. Dafür soll er eine Abkürzung entlang des Nahensteigs direkt hoch zur Festung genommen haben (siehe Geheimnis Nahensteig). Doch die Verschwörung wurde, so legen es Quellen nahe, weder vom Hofnarren aufgedeckt, noch fand sie in besagtem Turm statt.

Diese Bürgerverschwörung war eine Reaktion auf Ereignisse, die sich Anfang des 15. Jahrhunderts zutrugen. Dabei war wenige Jahre zuvor noch alles in Ordnung: Gemäß der Tradition bestätigte 1392 Herzog Friedrich der Weise (um 1339-1393) gemeinsam mit seinem jungen Sohn Heinrich die Rechte und Privilegien der Bürger der Stadt. Doch unter Heinrich sollte vieles anders werden, auch das Verhältnis zur Bürgerschaft: Als er an die Macht kommt, vollzieht er nicht nur massive bauliche Eingriffe in der Stadt, sondern weigert sich zudem, die Privilegien der Bürger zu bestätigen. Zwar sind einige Veränderungen seitens der Stadt willkommen, sprechen diese ihr doch beispielsweise ein größeres Gebiet zu (siehe Geheimnis Burgfriedenssäule).

Annette Zaunseder steht vor dem Röcklturm, der sich direkt am Ufer der Isar befindet und ab dem 16. Jahrhundert als Fischerhaus diente.

Aber viele Maßnahmen führen nach Ansicht der Bürgerschaft zu weit, so das 1407 verhängte Erkerverbot (siehe Geheimnis Fassadenfront). Vor allem sind jedoch die vom Herzog nicht bestätigten Rechte Grund für den Konflikt: „Der Herzog war unzufrieden mit der Bürgerschaft, die seit Jahren keine Steuern mehr zahlte. Zudem besaßen die Bürger seiner Meinung nach zu viele Rechte – und Macht“, erklärt die Darstellerin – einer Bürgerin – bei der „Landshuter Hochzeit 1475“. Der Herzog befürchtet nun, dass sich diese gegen ihn auflehnen könnten. Die Lage spitzt sich zu, als die Bürgerschaft ihr Recht beim König einfordern will. Daher lädt der Herzog 1408 einige einflussreiche Bürger unter einem Vorwand auf die Burg, lässt sie dort verhaften, aus der Stadt vertreiben und deren Vermögen einziehen. Zwei Jahre vergehen, das Verhältnis wird immer angespannter. Im Jahr 1410 kommt es schließlich zu dem Vorfall, an dem Dietrich Röckl beteiligt ist.

Röckl stellte die Räumlichkeiten für ein Treffen zur Verfügung, bei dem sich viele verärgerte Bürger einfanden. Theo Herzog, Autor der *Landshuter Häuserchronik*, vermutet allerdings, das Treffen habe im hinteren Teil des „Pappenberger Hauses“ in der Altstadt 81 stattgefunden. Denn laut einer Quelle aus dem 15. Jahrhundert versammelten sie sich im *Wohnhaus* des Dietrich Röckl, welches das besagte Haus in der Altstadt ist, wie ein Schlussstein mit dessen Wappen belegt.

Doch die Bürger wurden entdeckt. „Als Heinrichs Soldaten den Treffpunkt stürmten, flohen die versammelten Männer. Wem die Flucht misslang, der wurde zum Tode verurteilt oder gefoltert und sein Vermögen eingezogen“, gibt Annette Zaunseder den Vorfall wieder. Theo Herzog vermutet, dass die Männer über die westlich gelegene Stadtmauer flohen, die sich vom Ländtor im Süden bis zum Heilig-Geist-Spital im Norden erstreckte. Der Ausstieg über die Mauer befand sich dabei wahrscheinlich auf Höhe des ehemaligen Wachturms „Unterer Ländturm“, der hinter dem Anwesen Röckls lag. Wegen der Nähe des Turms zum geheimen Treffpunkt oder weil möglicherweise viele der geflohenen Männer dort

„Als Heinrichs Soldaten den Treffpunkt stürmten, flohen die versammelten Männer. Wem die Flucht misslang, der wurde zum Tode verurteilt oder gefoltert und sein Vermögen eingezogen.“

gefangen wurden, erhielt dieser vermutlich den Beinamen „Röcklturm". Er wurde jedoch abgebrochen, als im 16. Jahrhundert unter Ludwig X. (1495-1545) an dieser Stelle die Stadtresidenz gebaut wurde. Dadurch verlegte das „kulturelle Gedächtnis" den Ort des Geschehens vermutlich vom *Unteren* Ländturm auf den südlich liegenden *Oberen* Ländturm – der heute als „Röcklturm" bekannt ist.

Theo Herzog erklärt, warum es unwahrscheinlich sei, dass die Verschwörung im Oberen Ländturm stattgefunden habe, denn er hält es für nicht plausibel, „dass sich die Verschwörer zu ihrer geheimen Zusammenkunft in einem stadteigenen Turm der Befestigungsanlage getroffen haben". Auch biete der Bau nicht genug Platz. Außerdem seien sie nicht dort entdeckt worden: Denn nicht der Hofnarr, sondern der Liebhaber der Ehefrau Dietrich Röckls, ein Junker des Herzogs, soll das Treffen belauscht und dem Herzog davon berichtet haben, der die Bürger dann grausam bestrafen ließ. Wegen Heinrichs brutaler Bestrafung der Bürger nannte ihn später sein Vetter Ludwig der Bärtige (wohl 1368-1447) beim Konstanzer Konzil 1415 einen „Bluthund", woraufhin der Herzog erneut seine blutrünstige Art unter Beweis stellte (siehe Geheimnis Rundtürme).

Dass es ein Treffen der Bürger gegeben hat und diese grausam von Heinrich bestraft wurden, ist belegt. Doch wie auch immer die Umstände waren, ob es wirklich eine Verschwörung war oder nur ein harmloses Bürgertreffen, wer sie verriet und wie der Vorfall sich ereignete – ungewiss. Dennoch erinnert der Röcklturm noch heute an die tapfere Bürgerschaft, die sich Anfang des 15. Jahrhunderts für ihre Rechte und Privilegien einsetzte, die ihnen der Herzog verwehrt hatte.

So geht's zum Röcklturm:

Der Turm liegt an der Isarpromenade 2, wenige Meter nördlich des Ländtors. Das ehemalige Wohnhaus Röckls befindet sich direkt gegenüber dem Rathaus in der Altstadt 81.

Den
bei der Einnahme
Landshuts
durch die Schweden
am 22ten Juli 1634.
gefallenen Bürgern
wieder errichtet
den 22ten Juli 1834.

Schwedensäule

Verlust der Menschlichkeit

Unbeschreiblich sind sie, die Gräueltaten, die sich am Ufer der Isar vor beinahe 400 Jahren abspielen. Schwedische Soldaten demütigen und quälen die Gefangenen mit grausamen Foltermethoden. Und das ist nur ein Teil der Verbrechen, die sich in den verhängnisvollen Tagen ereignen. Denn der Einfall durch die feindlichen Truppen gleicht einer blutrünstigen Raserei. „Die Schwedensäule am Grünstreifen", erklärt Heimatforscher Werner Ebermeier, „erinnert an diese verheerenden Ereignisse: *Den bei der Einnahme Landshuts durch die Schweden am 22ten Juli 1634 gefallenen Bürgern, wieder errichtet den 22ten Juli 1834* ist dort zu lesen." Hintergrund der Angriffe ist der Schwedische Krieg – eine von vier Phasen des Dreißigjährigen Kriegs (1618-1648) –, eine Auseinandersetzung zwischen den konkurrierenden Großmächten in Europa, in der mehr als ein Drittel der Bevölkerung Landshuts ihr Leben lässt.

Im Jahr 1634 erlebt Landshut den schwersten der insgesamt drei Einfälle der Schweden. „Der erste Angriff ereignete sich im Mai 1632, als die Stadt von den Truppen eingenommen und für eine Zeit besetzt wurde", fährt der Geschichtslehrer fort, der das Buch *Landshut im Dreißigjährigen Krieg* verfasst hat. „Aufgrund von Versorgungsengpässen mussten sie aber nach wenigen Tagen wieder abziehen. Doch bereits zu der Zeit hinterließen sie die Stadt in einem miserablen Zustand." Kein Vergleich jedoch zu den Ereignissen, die sich zwei Jahre später abspielen sollten.

„Am 22. Juli 1634 erfolgte der zweite Angriff der Schweden auf Landshut", erklärt Werner Ebermeier. Nachdem sich die Bevölkerung geweigert habe, die Stadt kampflos zu übergeben, formierte der Feind zwei Operationsbasen vor den Toren der Stadt – am Hofberg und auf dem Priefeld (Annaberg). Vor den Toren der Burg wartet das von Herzog Bernhard von Weimar (1604-1639) befehligte feindliche Heer, auf

Was sich in Landshut während des Schwedenkrieges ereignete, weiß Buchautor Werner Ebermeier.

dem Annaberg ein weiteres unter dem Kommando des schwedischen Feldmarschalls Gustaf Horn (1592-1657). Auf der Seite der Angegriffenen steht die Bevölkerung Landshuts mit Unterstützung einiger Hundert Soldaten, bestehend aus berittener Infanterie, Musketieren und schwerer Kavallerie und angeführt vom kaiserlichen Feldmarschall Johann von Aldringen (1588-1634).

„In den frühen Morgenstunden eröffneten die Schweden das Feuer. Schüsse aus zwei Kanonen aus den beiden Heeresstationen trafen die Menschen und ihre Stadt. Zwei Angriffswellen konnten die tapferen Bürger überstehen, bis am Nachmittag die Burg überrannt wurde. Daraufhin stürmten die feindlichen Truppen in die Stadt", schildert der Lehrer die Geschehnisse. Kurze Zeit später befindet sich Landshut in den Händen des Feindes. Panisch versuchen die Menschen die Stadt über die Heiliggeistbrücke zu verlassen. Doch: „Zu viele Fliehende drängten sich über die Isarbrücke, auf der es kein Geländer gab. Etliche fielen von beiden Seiten in den reißenden Strom der Isar und ertranken. Diejenigen, die es nicht aus der Stadt schafften, erwartete oft der Tod durch die entfesselte Soldateska."

Es ist ein Massaker, eine Verwüstung, die laut der Aufzeichnungen am Jesuitenkolleg acht Tage andauert: Zwei Tage Exzesse der Feinde mit Bluttaten, Vergewaltigungen und Brandstiftungen. Frauen werden geschändet, Ärzte getötet, um die Versorgung der Verwundeten zu stoppen, Leichen in die Brunnen geworfen. Vom dritten bis achten Tag wird die ganze Stadt geplündert, Kirchen zerstört und ihre Reliquien mit Blut und Kot beschmiert. „Im Zuge der Verwüstung durch die Schweden ereigneten sich die Gräueltaten, an die die Säule erinnert: Zahlreiche Überlebende wurden vor die Stadt an das Ufer der Isar geführt und gefoltert", fährt Werner Ebermeier fort. Die Gräueltaten, die sich dort abspielen, sind unbeschreiblich. Foltermethoden wie Einflößen des „Schwedentrunks" oder „Raiteln" der Menschen. Verbrechen, bei denen Fäkalien und Folter gleichermaßen zum Tragen kommen, Erniedrigung und Qual zugleich sind – so widerwärtig und grausam, dass sie an dieser Stelle nicht näher ausgeführt werden sollen.

Doch auch nach Abzug der feindlichen Truppen endet das Leid der Bevölkerung nicht: Es folgt eine schwere Hungersnot, und schließlich wütet die Pest in der Stadt. Sie kostet jeden dritten Landshuter das

Leben (siehe Geheimnis Chorbogenkreuz/Rosengasse). „Die katastrophalen Zustände nach dem Einfall der Schweden forderten mehr Tote als die Kämpfe selbst", ergänzt Werner Ebermeier. Zwar sorgt der am 30. Mai 1635 geschlossene Frieden von Prag in Landshut einige Jahre für Ruhe – zumindest vor den Schweden. 1648 stehen sie jedoch erneut vor den Toren der Stadt. Nur die Zahlung einer enormen Geldsumme bewahrt die Bevölkerung vor schlimmen Repressalien. Die Angreifer hinterlassen Landshut erneut in miserablem Zustand – allerdings weniger dramatisch als im Jahr 1634. Am 24. Oktober 1648 findet der Dreißigjährige Krieg schließlich ein Ende.

„Die katastrophalen Zustände nach dem Einfall der Schweden forderten mehr Tote als die Kämpfe selbst."

Am Ufer der Isar, wo die Gefangenen durch die Schweden gefoltert wurden – etwa auf Höhe der Marschallstraße am östlichen Ende des Stadtfriedhofs – stand zunächst eine hölzerne Säule, um an die Geschehnisse zu erinnern. Nachdem diese im Jahr 1800 von französischen Truppen zerstört worden war, errichtete die Stadt 1834 zum 200-jährigen Gedenktag die steinerne Säule, die im 20. Jahrhundert schließlich an ihren heutigen Aufstellungsort versetzt wurde. „Den großen Obelisken am Bismarckplatz, der an die Gefallenen im Krieg von 1870/71 erinnert, kennt jeder", sagt Werner Ebermeier. „Die Schwedensäule leider nicht." Doch nicht nur wegen ihrer unauffälligen Erscheinung ist diese für den Heimatforscher ein Geheimnis, denn wer kenne schon die Hintergründe des Schwedischen Kriegs und vor allem: „Wer weiß, dass die Säule an solche unaussprechlichen Gräueltaten erinnert?"

So geht's zur Schwedensäule:

Die steinerne Säule befindet sich auf dem Grünstreifen zwischen Isar und Bauhofstraße am südlichen Ende der Compiegne-Brücke.

Spruchbänder

Kreuz und quer

Angebracht wie kleine Spickzettel für den Priester, schmücken die Spruchbänder den Altar. Ein Engel hier trägt einen Auszug aus dem *Credo*, dem Glaubensbekenntnis, am Sockel dort steht eine Passage aus dem *Gloria*, dem Gotteslob. Doch eine große Hilfe wären die Zeilen dem Priester, falls er mal seinen Text vergessen sollte, nicht. Denn die Inschriften bedecken nicht nur alle Seiten des Altars, sondern sind zudem in keiner zusammenhängenden Reihenfolge angebracht. Wollte er die Spruchbänder also fortlaufend lesen, müsste er kreuz und quer suchen und dabei ständig hin- und hergehen. Aber schließlich sind die Worte weder als Gedächtnisstütze für den Priester während der Messe noch für die Kirchenbesucher gedacht, sondern nur für den Allvater selbst.

„Einzig Gott, dem der Altar 1422 zugeeignet wurde, braucht zu wissen, was dort steht", erklärt Monsignore Dr. Baur. „Er soll den Altar ja als heiligen Ort kennen und dort seinen Segen spenden. Das erhoffte sich auch der Stifter Franz Haslbeck, der sich namentlich auf der Rückseite des Altars in dauernde Erinnerung brachte", fährt der Stiftspropst fort. „Von dort wissen wir auch die Jahreszahl, mit der sich der Altar datieren lässt." Entstanden ist dieser der heiligen Maria geweihte Altar also in den letzten Wirkungsjahren des Baumeisters Hans von Burghausen (gestorben 1432), der die Arbeiten an der Martinskirche zwischen 1406 und 1432 leitete. Wie viele andere Baumeister erlebte auch er die Fertigstellung des Kirchenbaus nicht mehr.

„Eine ganz außergewöhnliche Besonderheit an diesen Altarinschriften ist, dass viele davon nicht auf Latein, sondern in einem sehr frühen bayerischen Deutsch geschrieben sind", erklärt Monsignore Franz Joseph Baur. „Obwohl es sich um liturgische und biblische Texte handelte, die im Mittelalter eigentlich nur in lateinischer Sprache in Gebrauch waren, hat man sie hier ins Deutsche übersetzt. Und das lange vor den Bibelübersetzungen, die kurz vor der Reformation auf-

Verteilt auf viele verschiedene Figuren, ergeben die in Latein und frühem Deutsch verfassten Spruchbänder das „Credo" und „Gloria".

kamen." Die vielen kleinen Inschriften können also nicht nur von den Kirchenbänken aus nicht gelesen werden, sondern bleiben selbst bei näherer Betrachtung für die meisten Menschen unverständlich.

Die große Signifikanz der Spruchbänder veranlasste vor einigen Jahren Forscherinnen der Bayerischen Akademie der Wissenschaften dazu, sich den Hochaltar genauer anzusehen. Was kurz darauf, so schildert der Stiftspropst eine kleine Anekdote, zu einer Beschwerde geführt haben soll: „Ein Kirchenbesucher hat Anstoß daran genommen, dass Leute auf dem Altar ‚herumgeturnt' wären." Doch der zuständige Pfarrer habe die Beschwerde gelassen genommen, schließlich handelte es sich bei den „Turnern" um die Wissenschaftlerinnen, die – natürlich mit Genehmigung – den Hochaltar und seine Spruchbänder untersuchten und dokumentierten. „Der Pfarrer war sich sicher", fährt der Stiftspropst fort, „dass es ihnen an Ergriffenheit nicht fehlte, ob es nun mehr religiöser Art oder wissenschaftlicher Natur über den Sensationsfund war – die frühesten Inschriften auf Deutsch, eingemeißelt auf dem Altar."

Monsignore Dr. Baur vor dem Hochaltar des 15. Jahrhunderts, der rundum mit Spruchbändern verziert ist.

Auf dem Hochaltar turnten also weder die Forscherinnen, noch springt der Priester bei der Messe um ihn herum – wozu auch? Schließlich sind die Inschriften nur für den Allmächtigen selbst bestimmt.

So geht's zu den Spruchbändern:

Der Hochaltar mit den Spruchbändern befindet sich in der Martinskirche, die zentral zwischen Altstadt und Neustadt liegt.

Susanne Franck zeigt eine alte Aufnahme der Straßenbahn. Hinter ihr steht das Haus mit der Rosette.

29

Rosette

Vom Bahnhof in die Altstadt

„Drei solcher Relikte gibt es in Landshut noch", sagt Susanne Franck. Eines am Eckhaus am nördlichen Ende der Seligenthaler Straße nahe dem Bahnhof, das zweite zwischen Dreifaltigkeitsplatz und Nahensteig sowie das dritte hier, am Bismarckplatz. Wegen ihrer geringen Größe und der Aufhängung weit oben an der Hausfassade fallen die kleinen eisernen Objekte jedoch kaum auf. Was hat es damit auf sich? „Diese Rosetten", erklärt die Leiterin der Marketing-Abteilung der Stadtwerke Landshut, „dienten als Aufhängung für die Oberleitungen der Tram, die für einige Jahre in der Stadt gefahren ist."

Bereits am 2. Juli 1902 begann der Betrieb der Trambahn – zunächst allerdings nicht von Maschinen, sondern von Pferden gezogen. Hintergrund war, dass der 1880 neu gebaute Bahnhof weit außerhalb der Stadt lag. „Zuvor befand sich dieser an der Kleinen Isar an der Inneren Regensburger Straße, wo heute das Staatliche Bauamt ist", erklärt die Landshuterin. Nachdem im Jahr 1906 das erste städtische Elektrizitätswerk in Betrieb gegangen war, nahm wenige Jahre später – am 15. Januar 1913 – auch die erste elektrische Straßenbahn ihre Fahrt auf. Vom Bahnhof kommend führten die Gleise durch die Seligenthaler Straße über die Zweibrückenstraße bis in die Altstadt zum Dreifaltigkeitsplatz. Wie hier am Bismarckplatz existierten Ausweichstellen, denn die Tram verkehrte in beiden Richtungen – doch nicht überall war die Strecke zweigleisig angelegt.

Gegen Ende des Zweiten Weltkriegs war der Straßenbahnbetrieb jedoch nicht mehr möglich. Bereits durch einen Luftangriff im Dezember 1944 waren die Gleise an vielen Stellen stark beschädigt. Mit dem im März 1945 schwersten Angriff auf Landshut wurden schließlich Hauptbahnhof und Trambahndepot zerstört.

„Nicht zu verwechseln sind die Tram-Rosetten mit denen in der Neustadt", merkt Susanne Franck an. „Dort verkehrte die Straßenbahn gar nicht. Die Haken dort stehen in Zusammenhang mit einem anderen Verkehrsmittel: dem O-Bus", erklärt sie. Dieser „Oberleitungsomnibus" ersetzte nach dem Krieg die Tram. Im Gegensatz zur Straßenbahn bediente dieser nicht nur die Strecke zwischen Bahnhof und Altstadt, sondern fuhr bis nach Achdorf im Südwesten und Schönbrunn im Nordosten. Im Laufe der Zeit verdrängten Dieselbusse jedoch das bisherige Verkehrsmittel. Nach der letzten Fahrt des O-Busses 1966 folgte schließlich auch der Abbau der Oberleitungen – was bei vielen Menschen in Landshut für Begeisterung sorgte, die sich über die Wiederherstellung eines ungestörten Stadtbilds freuten. Doch geblieben sind auch noch heute die drei Rosetten, die an den einstigen Verkehr der Straßenbahn durch Landshut erinnern.

So geht's zur Rosette:

Das Relikt befindet sich am Bismarckplatz 2, dem Eckhaus an der Pfettrachgasse. Die Rosette hängt auf Höhe der beiden Fensterreihen.

Werner Ebermeier vor dem Haus in der Neustadt, in dem die Studentenverbindung „Corps Bavaria“ gegründet wurde.

Gründungshaus

30

Duell mit tödlichem Ausgang

„Am 30. November 1806, als sich in Landshut noch eine Universität befand, gründeten in diesem Haus sieben Studenten die Landsmannschaft Bavaria“, erklärt Werner Ebermeier. Nicht nur seien die Burschen hier gerne eingekehrt, weil sich darin das Gasthaus „Zum goldenen Löwen“ befand, in dem es neben dem Kneipzimmer auch einen Tanzsaal gab, sondern weil hier auch immer gegen Ende des Sommersemesters Theatervorstellungen stattfanden. „Außerdem kam der Wirt Johann Kaspar Brückl, der 1817 bis 1832 das Gasthaus führte, bei den Studenten gut an“, fährt der Historiker fort. „Der wischte nämlich gerne mal die Zechtafel ab, wenn er mit seiner Frau Zank hatte, welche die eigentliche Arbeit im Gasthaus verrichtete."

Darüber freuten sich die Studenten natürlich. Sie verbrachten viel Zeit in Gasthäusern und Trinkstuben, von denen es zahlreiche in der Innenstadt gab. Doch wo getrunken wird, da kommt es nicht selten zu Streitigkeiten. „Ein Mitglied des *Corps Bavaria*, Johann Escherich, geriet in einen Konflikt mit tragischem Ausgang", erzählt Geschichtslehrer Werner Ebermeier. Es ist im August 1825, als dieser in einem der Gasthäuser in der Altstadt einen anwesenden Pfälzer Studenten provoziert haben soll. Der stellvertretende Vorsitzende der Pfälzer Verbindung *Corps Palatia*, ein Student namens Johann Götz, mischt sich ein, woraufhin Escherich diesen einen „dummen Jungen" nennt. Der reagiert, wie zu dieser Zeit nicht unüblich, mit einer Herausforderung zum Duell.

Sich zu duellieren war offiziell zwar verboten, doch das hinderte die Burschen nicht daran, die Fechtduelle trotzdem auszutragen. Die Austragungsorte wurden geheim gehalten, es waren Hinterzimmer in Gasthäusern oder Studentenzimmer. „Fühlte sich ein Bursche in seiner Ehre verletzt, musste er den Beleidiger binnen drei Tagen fordern", erklärt Werner Ebermeier die Vorgehensweise. „Als Beleidigter war er im Vorteil, das heißt, er durfte während oder nach dem Duell Satisfaktion nehmen und hatte in jedem Gang den ersten Hieb." Nach drei oder nach sechs Gängen konnte er also das Duell beenden, wenn er Genugtuung empfand.

Eine Tafel an der Hausfassade des ehemaligen Gasthofs „Zum goldenen Löwen" erinnert an die Gründung der Studentenverbindung.

So kam es zum Zweikampf zwischen Escherich und Götz. „Als Bandagen wickelten sie sich Tücher um den Arm, setzten sich einen Hut auf den Kopf und eine lederne Mütze vor den Unterleib", erklärt der Historiker. Die ersten Treffen verliefen ohne Entscheidung.

Schließlich fand am Vormittag des 16. Dezembers ein weiteres Duell statt, wozu sie sich in dem Zimmer eines Theologiestudenten in der Ländgasse trafen. Nachdem der Unparteiische die Bodenlinie gezogen hat, beginnt das Duell: Als Beleidigter darf der Pfälzer den ersten Hieb machen. Mit dem vierten Gang geschieht schließlich das Unheil – Escherich wird unter der rechten Achsel zwischen der dritten und vierten Rippe getroffen. Er fällt bewusstlos zu Boden. Die Anwesenden legen ihn in ein Nebenzimmer, wo der für das Duell anwesende Arzt die Erstversorgung vornimmt. Ohne Erfolg. Auch der herbeigerufene Polizeichirurg kann ihm nicht helfen. Schließlich soll ihn ein Professor, Dr. Anton Eckl, retten. Er öffnet dem Verwundeten zwischen der sechsten und siebten Rippe die Brust, indem er die Wunde erweitert. Es ist zwecklos. Die Wunde und das aus heutiger Sicht falsche medizinische Vorgehen fordern ihren Tribut. „Johann Escherich blieb bewusstlos und starb am späten Nachmittag", beendet Werner Ebermeier den Bericht. Der Duellant Götz stellte sich freiwillig und wurde zu acht Jahren Haft verurteilt.

„Johann Escherich blieb bewusstlos und starb am späten Nachmittag."

Das Grab des verstorbenen Escherich befindet sich auf dem Landshuter Friedhof. Das Corps Bavaria, das nach Verlegung der Universität nach München dorthin folgte, gedenkt seiner noch heute: In ihrem Museum verwahrt die Studentenverbindung die Mütze und eine Locke Johann Escherichs. „Die Geschichte wird dort lebendig gehalten", sagt Werner Ebermeier. Und an die Gründung des Corps erinnert in Landshut eine Tafel an der Fassade des ehemaligen Gasthauses „Zum goldenen Löwen", in dem es einst so feucht-fröhlich herging.

So geht's zum Gründungshaus:

Das ehemalige Gasthaus „Zum goldenen Löwen" befindet sich gegenüber dem Ursulinenkloster in der Neustadt 437.

Der Schlussstein mit Antoniuskreuz bietet nicht nur Schutz vor Pest und Feuer, sondern gibt auch das Jahr der Errichtung des Hauses preis.

31

Antoniuskreuz

Schutz vor Pest und Feuer

Den Blick nach vorne oder zur Seite gerichtet, stets damit beschäftigt, vorübereilenden Passanten oder flanierenden Spaziergängern auszuweichen, richtet sich beim Durchschreiten des Arkadengangs in der Altstadt die Aufmerksamkeit auf viele Dinge. Doch bestimmt nicht nach oben. Warum auch? Dabei lohnt sich der Blick an die mit bemalten Steinen verzierte Decke. Insbesondere hinter dem ersten Exemplar, das sich am Anfang des Arkadengangs befindet, steckt mehr, als das unscheinbare Relikt vermuten lässt.

Umgeben von einer schwer lesbaren Inschrift, ziert die Mitte ein großes „*T*". Doch gemeint ist nicht der Buchstabe, sondern das als Taukreuz oder Ägyptisches Kreuz bezeichnete Symbol. Bekannter ist es als Antoniuskreuz, das Attribut des heiligen Antonius (angeblich 251-356). Der asketisch lebende Eremit, der mit einem außergewöhnlich langen Leben gesegnet gewesen sein soll, gilt als Begründer des christlichen Mönchtums. Sein Zeichen soll Schutz bieten vor den wahrscheinlich gefährlichsten Bedrohungen des Mittelalters: Feuer und Pest. Doch nicht nur diese Gefahren soll der heilige Antonius abgewendet haben. Durch die Verehrung seiner Reliquien versuchten die vom „Antoniusfeuer“ befallenen Menschen Heilung zu finden – eine im Mittelalter häufig auftretende Vergiftung durch Mutterkorn, einen giftigen Pilz, der Getreide befällt. Daher machten es sich die Mitglieder des im 11. Jahrhundert gegründeten Antoniter-Ordens zur Aufgabe, die am Antoniusfeuer erkrankten Menschen zu pflegen.

Umgeben ist das Antoniuskreuz von einer umlaufenden Inschrift, die eine wertvolle Information enthält: *Das haus ist gepawt Anno dni 1453*. Es ist eines der wenigen mittelalterlichen Häuser, an dem sich eine Inschrift mit Datum erhalten hat. Der damit bezeichnete Neubau des Jahres 1453 wurde auf bereits vorhandenen Grundmauern ausgeführt und zählt seit jeher zu den vornehmsten Patrizierhäusern der Stadt. Kein Wunder also, dass es als Unterkunft der polnischen Prinzessin Hedwig (1457-1502) diente, die 1475 nach Landshut gekommen war, um dort den Herzogssohn Georg (1455-1503) zu heiraten.

Außer dem Antoniuskreuz auf dem Schlussstein mit erhaltener Inschrift finden sich – jeweils als Verzierung von Schlusssteinen des Gewölbes – weitere Relikte: Dem Wappen von Sachsen schließt sich das von Pfalz-Bayern an, etwas versetzt liegen die Steine mit der Abkürzung *IHS* – dem Namen Jesu – und das Babenberger Wappen, dem das Jerusalemkreuz, das Brustbild Mariens mit dem Jesuskind und der Reichsadler folgen. So schmücken die Schlusssteine noch heute das gotische Gewölbe und bieten Schutz für das Haus und die vielen Passanten, die den Arkadengang täglich durchschreiten – auf ihrem Weg zu Terminen oder einfach nur beim Flanieren.

So geht's zum Antoniuskreuz:

Der Schlussstein befindet sich an der Decke des Arkadengangs am Haus Altstadt 300 gegenüber der Stadtresidenz.

32

Kastulus

Ungewöhnliches Kirchenfenster

Wie Millionen andere Menschen war Max Lacher geprägt vom Zweiten Weltkrieg. In seinem Fall nutzt er sein künstlerisches Talent, um das Erlebte zu verarbeiten, als er 1946 die Fenster einer Seitenkapelle der Martinskirche gestalten darf. Dort sind drei der schlimmsten Kriegsverbrecher des Dritten Reichs zu sehen: Adolf Hitler, Hermann Göring und Joseph Goebbels. Eine, die sich mit den Bildmotiven der Fenster beschäftigt hat, ist die Schülerin Sophie Zaunseder.

Thema der fünf Bildfelder ist das *Leben und Martyrium des heiligen Kastulus,* des Märtyrers aus dem 3. Jahrhundert, der neben dem heiligen Martin Patron der Kirche ist. Auf dem mittleren Bildfeld ist er in voller Größe dargestellt, gehüllt in die feine Tracht eines Palastbeamten, in seiner Hand hält er die Märtyrerpalme – beides Hinweise auf seine Lebens- und Leidensgeschichte, deren Darstellung auf der linken Seite beginnt: Oben ist er als Prediger zu sehen, unten als Beschützer der verfolgten Christen. Dem folgt im nächsten Fenster die Verurteilung durch den römischen Kaiser Diokletian. Das vierte Bildfeld zeigt, wie er gefoltert wird: „Hitler, Göring und Goebbels sind dargestellt als Folterknechte, die Kastulus schlagen", erklärt Sophie Zaunseder. Durch Zufall sei sie im Internet darauf gestoßen, dass es in der Martinskirche eine Hitler-Darstellung gibt. Die Schülerin beschreibt, was sie entdeckt hat: „Im oberen Teil steht Adolf Hitler hinter dem gebeugten Kastulus, der vor Schmerzen das Gesicht verzieht. Darunter schlagen Hermann Göring und Joseph Goebbels den kopfüber hängenden Märtyrer mit Knüppeln." Ganz rechts wird sein Schicksal besiegelt: Er wird im Jahre 287 lebendig begraben. Viele Jahrhunderte später fanden seine Gebeine ihren Weg nach Moosburg, 1604 dann mit der Stiftsverlegung nach Landshut in die Martinskirche. Dort steht in der Seitenkapelle mit den besagten Buntglasfenstern auch sein Reliquienschrein.

Durch Zufall ist Sophie Zaunseder auf die Hitler-Darstellung in der Martinskirche aufmerksam geworden.

Die Lebensgeschichte Max Lachers (1905-1988) beginnt in München, wo er erst an der Kunstgewerbeschule, danach an der Akademie der Bildenden Künste studierte. 1931 erhielt er von der Stadt Nürnberg den Albrecht-Dürer-Preis und widmete sich ab 1935 bevorzugt den Arbeiten an der Wand, gestaltete Fresken und Mosaiken sowie Glasfenster. Kurz nach Beginn des Zweiten Weltkriegs wurde er eingezogen und blieb bis zum Kriegsende Soldat.

Nicht nur der Künstler, auch die Martinskirche litt unter den Kämpfen: Durch einen Tiefflieger-Angriff der Alliierten am Kriegsende zersprangen die ursprünglichen Buntglasfenster. Bereits ein Jahr später verwirklichte Max Lacher die Kastulus-Darstellung. „Die Motive der Buntglasfenster in der Kirche sind sehr ungewöhnlich", sagt Sophie Zaunseder. Obwohl seine Darstellung offensichtlich keine Verehrung der Kriegsverbrecher darstellt, sondern er diese als Verbrecher an der Menschheit und dem christlichen Glauben anprangert, kam solche zeitgenössische Kritik damals nicht bei jedem gut an: Ein ähnliches Werk des Künstlers wurde nach Kriegsende in München ausgestellt und kurz darauf mit Tinte bespritzt.

Hitler, Göring und Goebbels sind Kastulus' Folterknechte.

Neben der Kastulus-Kapelle gestaltete Max Lacher weitere Fenster der Martinskirche – ebenso wie der Landshuter Künstler Franz Högner (siehe Geheimnis Fresko). Letztendlich prägte der Krieg nicht nur Max Lacher und Millionen anderer Menschen, sondern beeinflusste zudem maßgeblich die Gestaltung der Martinskirche und ihrer Buntglasfenster.

So geht's zum Kastulus:

Die Seitenkapelle des heiligen Kastulus mit Buntglasfenstern und Reliquienschrein befindet sich an der Nordseite der Martinskirche.

Christoph Thoma steht inmitten des Feldwegs – der Route, auf der die polnische Prinzessin nach Landshut kam.

33

Feldweg

Eine lange, beschwerliche Reise

Der Wind bläst heftig auf dem Feldweg oberhalb des Birkenbergs. Wer hier unterwegs ist, spürt die Witterung stärker als unten in der Stadt, wo dicht aneinander stehende Häuser Schutz bieten. Eine, die an dieser Stelle den Elementen ebenfalls ausgesetzt war, ist die berühmte Prinzessin Hedwig (1457-1502), Tochter des polnischen Königs Kasimir IV. (1427-1492), auf ihrem Weg von Krakau nach Landshut, wo ihr Bräutigam Herzog Georg (1455-1503) auf sie wartete. Doch die Witterung war nicht das Einzige, was die Reise beschwerlich machte. „Die Braut fuhr nicht in einer Kutsche, wie es oft missverstanden werde", betont Christoph Thoma, „sondern in einem Wagen, der von Pferden gezogen wurde."

Ein Pferdewagen also, keine Kutsche. Aber was macht das für einen Unterschied? „Kutschen und Pferdewägen unterscheiden sich massiv in Komfort, Wendbarkeit und Schnelligkeit. Insbesondere die späteren Modelle", erläutert Christoph Thoma, viele Jahre Turniersprecher der „Landshuter Hochzeit 1475" – seit 2018 ist das Historienfest sogar in die Liste des immateriellen Kulturerbes der UNESCO aufgenommen. Es zieht nicht nur Tausende Menschen von überall in die Stadt, sondern ist auch eine Aufführung, die Wert auf historische Authentizität legt. „Kutschen gibt es erst seit Mitte des 15. Jahrhunderts, sie wurden wenige Jahrzehnte vor der Hochzeit überhaupt erst entwickelt", fährt der gebürtige Landshuter fort, „und zwar in Ungarn, genauer gesagt in dem Örtchen Kocs." Dort wurden die „Kotchi" – ein leichter und schneller Wagen – entwickelt, die bald Eingang an den Hof des Königs von Ungarn und Kroatien, Matthias Corvinus (1443-1490), fanden. Um 1500 nahm der vom König ernannte Erzbischof Hippolyt d'Este (1479-1520) ein solches Gefährt mit nach Italien, von wo sich die neuen Wagenmodelle Mitte des 16. Jahrhunderts in andere europäische Städte ausbreiteten und dort weiterentwickelt wurden.

„Kutschen gibt es erst seit Mitte des 15. Jahrhunderts, sie wurden wenige Jahrzehnte vor der Hochzeit überhaupt erst entwickelt."

Es dauerte allerdings bis in das 17. Jahrhundert, bis aus den mittelalterlichen Wagen eine „echte" Kutsche geworden war, denn der Vorläufer besaß unter anderem keine Federung – eines der Hauptmerkmale der Kutsche. Die Federung aber schuf nicht nur mehr Komfort, sondern brachte auch andere Vorspannmethoden mit sich, wodurch sich der ganze Fahrstil änderte. „Die Vorderräder waren nun außerdem kleiner als die Hinterräder, was den Wendekreis enger machte, und der niedrigere Schwerpunkt machte sie schneller", ergänzt Thoma. Schon mit der Erfindung der „Kotchi" ging ein gesellschaftlicher Wandel einher, denn die ungarischen Fahrzeuge wurden nun in erster Linie für Männer konzipiert statt für Frauen oder ältere Menschen, wie es zu Zeiten Hedwigs noch üblich war.

Ein renommierter Wagenbauer hat nach historischen Vorlagen das von der Braut benutzte Gefährt eigens für die „Landshuter Hochzeit 1475" angefertigt. „Dieser ‚Hangende Wagen in Kobelbauweise' befindet sich im Zeughaus", sagt Christoph Thoma. Ein Wagen auf zwei Achsen mit fast mannshohen Rädern und einem Aufbau, der einem „Kobel“ gleicht: Über halbhohen Seitenwänden bilden mehrere bogenförmige Streben eine Art offenen Käfig, nur bei Bedarf wird ein dicker Stoffbezug darübergelegt. Während des berühmten Brautzugs beim Historienfest, das in der Regel alle vier Jahre stattfindet, kommt der in den Farben Gold und Rot gebaute Wagen zum Einsatz und wird von acht Pferden durch die Stadt gezogen.

„In solch einem Wagen also, ohne Federung, mit kleinem Wendekreis und einem Überhang aus Stoff rumpelte die Braut über Wege, aus denen bei schlechter Witterung schnell eine matschige oder gar sumpfige Angelegenheit wird – und das im Spätherbst!“, schildert Christoph Thoma die damalige Reise. Den Verlauf der Reiseroute erklärt Sebastian Hiereth in *Die Hochzeit zu Landshut 1475*, der sich auf die detaillierten Beschreibungen des zeitgenössischen Klosterschreibers Hans Seybold stützt. Der Krakauer Brautzug setzte sich demnach zunächst nach Norden in Bewegung, denn das Herzogtum Schlesien und die Markgrafschaft Mähren mussten umfahren werden. Die Gefolgschaft der Braut bestand aus zahlreichen Adeligen, wie Hans Seybold schreibt: Die Prinzessin hatte „etliche(n) der trefflichsten Herren aus Polen, Litauen, Russland, aus dem Tatarenland und anderen Ländern bei sich, die ihrerseits wieder an die 1200 Reisigen- und Wagenpferde und etwa 100 Wagen mit sich führten.“

Im Zeughaus kann der nach historischen Vorlagen konstruierte Wagen der Braut Hedwig bewundert werden.

Über Posen ging es weiter nach Berlin und von dort wieder südlich nach Wittenberg. „Dort sollte, so die Vereinbarung, die Braut Hedwig am 15. Oktober 1475 von ihrem Vater an ihren künftigen Gatten Herzog Georg, den Sohn des Herzogs Ludwig, übergeben werden“, erklärt

Christoph Thoma, der selbst einige Bücher rund um das Historienfest verfasst hat. Bereits am 13. Oktober, zwei Tage vor der vereinbarten Übergabe, erreichten sie den Treffpunkt in Wittenberg. Doch es kam zu Verzögerungen: Zwar erwartete sie dort bereits die Landshuter Gesandtschaft, die über Regensburg nach Wittenberg gereist war, aber König Kasimir bestand darauf, dass Herzog Georg höchstpersönlich die Braut in Empfang nehmen müsse – der allerdings nicht dabei war. So verzögerte sich die Übergabe, bis der polnische König seine Tochter schließlich am 23. Oktober an die Räte des Brauvaters, des Herzogs Ludwig (1417-1479), übergab.

Nun traten die Eltern der Braut die Rückreise an und Hedwig brach, gemeinsam mit dem polnischen und niederbayerischen Gefolge, in ihre neue Heimat auf: über Leipzig und Zwickau nach Ölsnitz im sächsischen Vogtland, von dort über Regensburg weiter nach Landshut – so war zumindest der Plan. In weiser Voraussicht schickte die Landshuter Gesandtschaft eine Nachricht in die Stadt, dass die Hochzeit um acht Tage auf den 14. November verschoben werden müsse. Denn der Brautzug kam wegen der schlechten Wege nicht nur langsam voran, sondern entlang der geplanten Strecke grassierte auch noch die Pest. So wählte der Brautzug eine andere Route – über Nürnberg und Ingolstadt – bis er schließlich am 13. November Moosburg erreichte. Gerade rechtzeitig, um am nächsten Morgen, am geplanten Tag der Hochzeit, nach Landshut aufzubrechen.

Nach Überqueren der Isar steuerten sie auf den Schlossberg zu, östlich von Tiefenbach gelegen, und wählten von dort – wegen des sumpfigen Isarmooses – den Weg über die Hügel, bis sie das Plateau oberhalb des Birkenbergs erreichten. „Auf diesem Feldweg kam der Brautzug von Moosburg und setzte seinen Weg in die Stadt fort", bringt es Christoph Thoma auf den Punkt und merkt an: „Hier oben steht übrigens auch ein Denkmal für den Hauptmann Sensime von Horoskowitz, er war als Sicherheitschef bei den Festivitäten engagiert. Nicht nur wegen der enormen Menschenmassen brauchte es militärische Schutzeinheiten, deren Führung und Organisation der Hauptmann übernahm, sondern

„Auf diesem Feldweg kam der Brautzug von Moosburg und setzte seinen Weg in die Stadt fort."

auch wegen der teilnehmenden Persönlichkeiten, darunter Kaiser Friedrich!" Einige Jahre nach der Hochzeit hatte Horoskowitz hier an dieser Stelle einen schweren Reitunfall, bei dem er sein Leben ließ.

Entlang der Straße, an der das Denkmal für den Hauptmann steht, führte der Weg hinunter in die Stadt, vorbei an den Weinreben, die früher am Birkenberg standen (siehe Geheimnis Weinberg), weiter bis zur Wiese St. Lazarus, dem heutigen Festplatz. Dort erwartete den Brautzug bereits – neben einer riesigen Menge Zuschauer – der Kaiser mit dem Bräutigam und weiteren Fürsten und Adeligen. Nach einer herzlichen Begrüßung setzten sie die Fahrt in die Stadt fort, direkt vor die Pforten der Kirche St. Martin, wo schließlich die Trauung stattfand.

Wie groß die Erleichterung gewesen sein muss, nach zwei beschwerlichen Monaten letztlich in der Stadt angekommen zu sein, endlich die Festivitäten samt Speis und Trank sowie guter Unterhaltung zu genießen! Bei der „Landshuter Hochzeit 1475" kann das ganze Fest, das etwa eine Woche andauerte und umgerechnet mehr als 10 Millionen Euro kostete, live erlebt werden – historisch korrekt natürlich. Denn der „Aufpasser", eine Rolle, die Christoph Thoma ebenfalls innehatte, sorgt für Authentizität und mahnt beispielsweise Teilnehmer ab, die Armbanduhren tragen, ein Handy in der Hand halten oder gar Eis schlecken. „Übrigens", fügt der ehemalige Turniersprecher hinzu, „ist Georg kein Prinz, wie der Bräutigam oft fälschlicherweise bezeichnet wird, sondern ein Herzogssohn!"

So geht's zum Feldweg:

Der Feldweg und das Denkmal für Horoskowitz befinden sich auf dem Hügel entlang der Goldinger Straße, die stadtauswärts führt, etwa auf halber Strecke nach Mittergolding.

34

Knäuel

Ist das Kunst oder kann das weg?

„Hat hier jemand vergessen, ein Kabel einzurollen?", fragt sich Bernhard Kühlewein, „oder ist das ein Gartenschlauch?" Der Gegenstand, über den sich der Landshuter wundert, hängt an der Wand des Portals zum ehemaligen Franziskanerkloster. Bei einem Spaziergang durch die Stadt sah der Künstler besagtes Objekt und wunderte sich, was es damit auf sich habe. Bei näherer Betrachtung fielen ihm Details auf: „Es handelt sich um ein aus Stahl geschmiedetes und ineinander verschlungenes Band", beantwortet er selbst seine Frage durch eine Feststellung, die zunächst keine Erkenntnis bringt. Doch der Künstler ahnt, womit er es hier zu tun hat: moderne Kunst.

Tatsächlich handelt es sich um das Werk „Lignes Syam" des Künstlers Markus F. Strieder, der insgesamt neun ähnliche Objekte in Landshut im Rahmen einer Ausstellung im Jahr 2008 vorgestellt hat. Drei Exemplare sind als Dauerleihgaben in Landshut geblieben. Der gebürtige Innsbrucker Künstler konzentriert sich bei seiner Arbeit fast ausschließlich auf den Werkstoff Stahl und beschränkt sich auf das Schmieden und Walzen. So schafft er unterschiedliche geometrische Formen, beispielsweise Würfel und Quader oder Formen wie das hier am Portal angebrachte Werk, das aus „Linien" besteht – wie der Künstler selbst diese bezeichnet. Um solche Linien zu formen, führt er Stahlstangen durch eine Walze und schießt sie danach in einen Behälter, wo sie sich von alleine zu solchen „Knäuel" formen.

Das wahrscheinlich bekannteste Exemplar seiner Leihgaben befindet sich am Südufer der Zweibrückenstraße. Dort enttarnt es sich – wegen seiner prominenten Lage am Kopf der Brücke – allerdings sofort als Kunst. Das dritte Werk befindet sich im Europagarten und hängt, wie auch hier, an einer Mauer.

„Ein typisches Beispiel für ‚art', für moderne Kunst", merkt Bern-

Der Landshuter Maler Bernhard Kühlewein hat das Kunstwerk zunächst für ein Elektrokabel gehalten.

hard Kühlewein an, der selbst Künstler ist, genauer gesagt, freischaffender akademischer Maler. In Landshut kennen ihn die Menschen vor allem wegen seiner Illustrationen, Grafiken und Gemälde, beispielsweise für das Kinderbuch *Lehmis Abenteuer.* Mit dem Werk Strieders könne er sich selbst allerdings nicht identifizieren, fügt er hinzu. „Ich bevorzuge Verbindlichkeit in der Kunst", erklärt er – was dem „Knäuel" eben fehle. „Alles, was ich mit ziemlicher Sicherheit bestimmen kann, sind Material, Farbe und Form des Objekts", fährt der Landshuter fort. „Welche Aussage sich dahinter verbirgt, was sich der Künstler darunter vorstellt, das kann ich nur raten. Es kann alles Mögliche bedeuten." Anders als die abstrakte Kunst sei beispielsweise ein Landschaftsgemälde oder eine Marienstatue sehr konkret – verbindlich eben. „Die Muttergottes mit Kind ist eindeutig. Es ist klar zu erkennen, ob es sich um eine Frau oder einen Mann handelt, ob mit oder ohne Kind. Ist die christliche Ikonografie ebenfalls bekannt, können die entsprechenden Schlüsse gezogen werden." Anders verhalte es sich mit den Werken des Künstlers Markus F. Strieder.

Doch wie heißt es so schön: Kunst, wie auch die Schönheit, liegt im Auge des Betrachters. Strieders bildhauerische Werke werden von vielen geschätzt, so auch von Christoph Bauer, dem Museumsleiter in Singen, wo der Künstler seine Werke bereits ausstellte. Ihn fasziniere, so schreibt der Museumsleiter im Begleitkatalog, genau diese „Kunst des Einfachen, die Poesie der reduzierten Formen, die sinnliche Kraft von Form und Material, die hier in eins fallen – die stille, dabei drängende Präsenz also, mit der diese seltsam fremden, dabei einnehmenden Stahlplastiken dem Betrachter selbstbewusst entgegen treten." Also bitte nicht das „Knäuel" abhängen, das gehört so!

So geht's zum Knäuel:

Das Kunstwerk hängt in der Kolpingstraße 483 am Portal des ehemaligen Franziskanerklosters, direkt neben dem LANDSHUTmuseum.

Das in frischen Putz eingearbeitete Fresko des Künstlers Franz Högner zeigt den Auferstandenen und die Symbole der vier Evangelisten.

35

Fresko

Unsigniertes Kunstwerk

Biblische Szenen und christliche Ikonografie auf einem Friedhof sind nicht gerade eine Seltenheit. Was eine Auferstehungsszene auf dem Landshuter Hauptfriedhof allerdings besonders macht, ist nicht deren Inhalt, sondern deren Schöpfer. Denn das inmitten der vielen Grabdenkmäler an einer Wand angebrachte Fresko ist ein echtes Geheimnis.

„Das Werk stammt von dem namhaften Landshuter Künstler Franz Högner", enthüllt Josef Wiesmüller, Architekt und 1. Vorsitzender der „Freunde der Altstadt Landshut e.V.", und fügt hinzu, das unsignierte Kunstwerk sei kaum jemandem bekannt. Der in der Seligenthaler Straße aufgewachsene Franz Högner (1903-1979) stammte aus einer Kunsthandwerkerfamilie, sein Bruder Hugo war Goldschmied und ebenfalls Maler. „Högner prägte das kulturelle Leben der Stadt über Jahrzehnte", sagt Kunsthistoriker Thomas Stangier, kommissarischer Leiter der städtischen Museen und ebenfalls im Vorstand des Vereins „Altstadtfreunde", der 2022 einen Kalender mit Aquarellen und Zeichnungen des Künstlers herausgegeben hat. „Högner, Absolvent der Kunstakademie in München, war Landshuter mit Leib und Seele", ergänzt Stangier.

„Er hat das Wandgemälde für seine Schwiegereltern gemacht", fährt Wiesmüller fort. Und Kunsthistoriker Thomas Stangier merkt an: „Es ist ein echtes Fresko, das in den frischen Putz gearbeitet wurde, und keine auf der trockenen Wand ausgeführte Wandmalerei, wie es bei vielen seiner späteren Arbeiten der Fall ist." Das Fresko zeigt Jesus, wie er von den Toten aufersteht und die Osterfahne in seiner Hand hält. Um ihn herum versammeln sich die vier Evangelisten: Matthäus ist symbolisiert durch den Menschen, Markus wird vom Löwen repräsentiert (siehe Geheimnis Markuslöwe), der Stier verkörpert Lukas und der Adler den Evangelisten Johannes. Alle sind geflügelt und mit einem Nimbus, einem Heiligenschein, dargestellt.

Heute finden sich Kunstwerke von Franz Högner unter anderem in Schulen – Glasfenster an der Karl-Heiss-Grundschule in Achdorf, oder aber in Form von Fresken an Wohnhäusern, wie zum Beispiel eine Mariendarstellung an einem Haus im Nahensteig am Fuße des Burgbergs, der von der Trausnitz bekrönt wird. Insbesondere durch seine Glasfenster in den Seitenkapellen der Martinskirche hat sich der Künstler im Landshuter Gedächtnis verewigt.

Für viele mag der Name aber aus einem anderen Grund vertraut klingen, denn Högner war mehr als nur Maler und Illustrator: Für den Verein „Die Förderer" e.V., der seit 1903 das Historienfest „Landshuter Hochzeit 1475" veranstaltet, das dank seinem Mitwirken zum immateriellen Kulturerbe Deutschlands zählt, hat er unendlich viel beigetragen: „Ungezählte Entwürfe für gotische Gewänder von Fürsten und Pagen, Knechten und Mägden, Bürger und Ratsherren, des weiteren Vorgaben für Fahrnisse und Fahnen, Aufbauten und Anweisungen – unter anderem zu Haarschnitt und Hauptbedeckung, Hauben und Helmen, Zierrat und Zaumzeug, sowie Plakate und Prospekte, Leporellos, Einladungen, Titelblätter und vieles mehr flossen aus seiner Feder, die er meisterhaft führte", sagt Wiesmüller. Meisterstücke sind das rot-goldene Kleid für die Darstellerinnen der polnischen Prinzessin Hedwig (1457-1502), das sie beim Kostümfest nach ihrer Vermählung mit dem Herzogssohn Georg (1455-1503) beim Tanz trägt, sowie ein prächtig besticktes schwarzes Kleid für Herzogin Amalie (1436-1501), die Mutter des Bräutigams.

Högner fertigte unzählige Bilder, die die Stadt und ihre Bauten genauso wie ihre Einwohner zeigen, und beeindruckt noch heute mit seiner fachgerechten Restaurierung bedeutsamer Kunstschätze. „Högners Interesse an der Landshuter Vergangenheit drückt sich in vielen seiner Aquarelle und Zeichnungen aus, in denen er das Stadtbild als Motiv wählte", erklärt Wiesmüller. Der Titel einer Ausstellung im Herbst 2021 in der Kleinen Rathausgalerie mit einer Auswahl seiner Werke beschreibt seine Bedeutung: *Das historische Gewissen der Stadt und der Landshuter Hochzeit 1475*. „Ihm fiel die zunehmende bauliche Zerstörung der Innenstadt auf, und bereits in den 1960er-Jahren setzte er sich für den Erhalt der alten Gebäude ein." Ein Anliegen, für das sich auch der Verein „Freunde der Altstadt" engagiert. „Högner kritisierte, dass aus Profitstreben alte Häuser zerstört würden. So beschriftet er 1978 eine Tuschezeichnung: *Man lässt alte Häuser absichtlich verwahrlosen, um sie dann abbrechen zu dürfen. Landshut wird abgebrochen* und somit ginge das geschichtsträchtige Stadtbild Landshuts unwiederbringlich verloren", ergänzt Stangier. Und dieses sei eben nicht nur pittoresk, sondern auch geschichtsträchtig und wichtig.

Aber auch hinter kleinen Dingen können sich spannende Anekdoten und historisch Bedeutsames verbergen – wie hier auf dem Friedhof, wo sich inmitten zahlreicher Grabsteine ein kleines Juwel versteckt.

So geht's zum Fresko:

Franz Högners Fresko befindet sich auf dem Hauptfriedhof hinter dem Denkmal für den Zweiten Weltkrieg an einer Mauer in Parzelle 38.

36

Dreihelmenwappen

Ein Geschenk des Herzogs?

„Es ist eine stadtbekannte Sage", sagt Mario Tamme, der auf das Ländtor mit dem dort dargestellten Landshuter Stadtwappens weist „Dank der Tapferkeit der Landshuter Bürger erhielten sie von Herzog Ludwig, dem späteren Kaiser Ludwig der Bayer, das Wappen mit den drei Helmen." So sei die Geschichte unter anderem im bekannten Sagenbuch *Turmkränzlein* überliefert: Im Kampf um die Vorherrschaft im Herzogtum Bayern war der Habsburger Friedrich der Schöne (1289-1330) mit seinen Truppen im Jahr 1313 in Richtung Landshut vorgerückt. Als Reaktion bewegte sich Herzog Ludwig IV. (1282/1286-1347) mit seinen Kämpfern, die im Wesentlichen aus Bürgern der bayerischen Städte bestanden, entlang der Isar nach Süden. In Moosburg traf er auf den Feind, der sich im nördlich gelegenen Dorf Gammelsdorf verschanzt hatte. Bereits nach einer Stunde war das Gefecht entschieden: Ludwig hatte gesiegt. Laut einer anderen Version kämpften sie den ganzen Tag, bis die Landshuter die Truppen des Feindes zum Rückzug zwangen. Dabei sollen die Volkmannsdorfer Brücken über die Amper und Isar eingestürzt und die feindlichen Krieger ums Leben gekommen sein. In beiden Überlieferungen war das Ergebnis jedoch dasselbe: Ludwigs Sieg über den Feind am 9. November 1313. „Aus Dankbarkeit soll der Herzog den Landshutern das Wappen mit den drei Eisenhüten geschenkt haben", erklärt Dr. Mario Tamme vom Stadtarchiv, „so lautet zumindest die Sage."

Die Schlacht bei Gammelsdorf, ergänzt er, sei sicher belegt, ebenso wie die nachfolgenden Ereignisse: Nach dem Tod des Habsburgers Heinrich VII. (1278/79-1313), Kaiser des Heiligen Römischen Reiches, beanspruchten sowohl Herzog Ludwig IV. von Oberbayern als auch der Habsburger Friedrich der Schöne bei der berühmten Doppelwahl zu Frankfurt von 1314 den deutschen Thron. Zunächst wurde Friedrich der Schöne zum König gewählt, einen Tag später fanden

Das bekannte Stadtwappen findet sich in Landshut an vielen Orten, so auch am Ländtor.

jedoch erneut Wahlen statt – und andere Kurfürsten wählten Ludwig. In der Schlacht bei Mühldorf fiel am 28. September 1322 schließlich die Entscheidung: König Ludwig besiegte den Gegenkönig Friedrich den Schönen und ließ sich 1328 zum römisch-deutschen Kaiser krönen. Kurz nach der Schlacht ehrte Ludwig die Tapferkeit der teilnehmenden Bäckergesellen aus Straubing und München, indem er ihnen Siegelmäßigkeit verlieh.

1313 also das Wappen für Landshut, 1322 die Siegelmäßigkeit für die Bäckerknechte in München und Straubing? „Anders als bei Siegeln war es in dieser Zeit nicht üblich, dass Städte als Belohnung Wappen erhielten. Das war erst zwei Jahrhunderte später der Fall", begründet Mario Tamme seinen Zweifel an der Richtigkeit der Landshut betreffenden Überlieferung. Dass die Geschichte des Herzogsgeschenks an Landshut leider nur in den Bereich der Sagen gehört, belege aber vor allem etwas anderes: „Das Wappen ist bereits vor der Schlacht von 1313 in Siegeln von Bürgern belegt", verweist der Historiker auf die Fakten. Möglicherweise sei es das eines Stadtschreibers oder Kämmerers gewesen und später für die Stadt übernommen worden. „Eigentlich sind es auch keine Helme, die dargestellt werden", fährt Mario Tamme fort. „Helme bezeichnen Rüstungsteile für Ritter und sehen anders aus. Auf dem Wappen sind Sturmhauben dargestellt, die im Kriegsfall von den Bürgern getragen wurden." Außerdem gebe es keine zeitgenössische historische Quelle, die das vermeintliche Geschenk Ludwigs an Landshut bezeuge. „Wenn es sich wirklich so zugetragen hätte, dann gäbe es zu so einem wichtigen Ereignis Aufzeichnungen." Dennoch könne die Sage einen wahren Kern haben, merkt der Historiker an. Vielleicht *bestätigte* Herzog Ludwig den Landshutern das Dreihelmenwappen, welches sie zuvor inoffiziell genutzt hatten, – als Dank für ihre Tapferkeit.

So geht's zum Dreihelmenwappen:

Das Stadtwappen findet sich unter anderem am Ländtor zwischen Altstadt und Isar.

Der Küchenkamin ragt weit über die Mauern des Klosters hinaus.

37

Kamin

Mittelalterliche Großkantine

Seit der Gründung des Zisterzienserinnenklosters im Jahr 1232 durch Herzogin Ludmilla (um 1170-1240), ihrem ermordeten Gatten Ludwig der Kelheimer (1174-1231) zu Ehren, wird in den Klosterräumen gebetet, gearbeitet, geschlafen – und gegessen. Und wo es Essen gibt, da braucht es eine Küche: Bereits aus einiger Entfernung ist der große turmartige Anbau zu sehen, der weit über die Klostermauern hinausragt. „Der Küchenkamin", erklärt Petra Articus, die Äbtissin des Klosters, „stammt aus dem 13. oder 14. Jahrhundert." Er diente als Abzug für die ehemalige Küche, in der täglich für viele Nonnen und Mitarbeiter gekocht wurde.

Schließlich war und ist das Kloster ein riesiger Komplex und das Essen ein Bestandteil des täglichen Lebens.

Der Alltag im Kloster – das hat sich bis heute nicht geändert –, war streng geregelt, inklusive festen Essenszeiten. Alle Nonnen mussten zur selben Zeit versorgt werden. „Das machte es bald erforderlich, dass aus einer ursprünglich kleinen Herdstelle ein großer Raum mit offener Feuerstelle wurde", schildert die Äbtissin, „natürlich war ein Kamin nötig." Dieser musste allerdings auch eine gewisse Höhe besitzen. „Die Küche war Teil des ‚Alten Konventbaus', der bereits ab 1263 gebaut wurde", fährt sie fort. Wegen der permanenten Feuergefahr lag diese in einem Anbau des Konvents, wie es auch bei vielen anderen Zisterzienserklöstern des 12. und 13. Jahrhunderts in Südwestdeutschland der Fall war. Dort wurden die Küchen ebenfalls als separate Gebäude errichtet oder versetzt angebaut. Ein ausreichend hoher Kamin war auch deswegen notwendig, weil sich nördlich der Küche die Afrakapelle befindet, der älteste Bauteil des Klosters und Grablege der Stifterin Ludmilla. Sie wurde zunächst in der Kapelle bestattet, bis zu ihrer Verlegung im Jahr 1259 in die im selben Jahr fertiggestellte Klosterkirche, die sich südlich der Küche befindet.

Neben einem guten Schutz vor Feuer war eine ausreichende Versorgung mit Frischwasser essenziell für das Kloster. In Seligenthal stellte das allerdings kein Problem dar, da zwei kleine Bäche entlang des Klosters verliefen (siehe Geheimnis Bächlein) – und noch heute Wasser für die Gärten des Klosters spenden, in denen unter anderem Obst wächst, das eingemacht oder zu Marmelade verarbeitet wird. „Seit einigen Jahren leitet ein Koch unsere Küche", merkt die Äbtissin an. Gekocht wird heute allerdings nicht mehr in dem Bau neben dem Alten Konventbau, aber wie damals auch ist es eine Großküche. Denn noch immer gilt: Viele Menschen wollen zur gleichen Zeit versorgt werden – beten und arbeiten macht schließlich auch hungrig.

„Ich stehe morgens um 5 Uhr auf", beschreibt die Äbtissin ihren Tagesablauf, der einem festen Rhythmus folgt. „Nach der morgendlichen Laudes-Messe um 6 Uhr gehen die Schwestern ihrer Arbeit nach. Sie widmen sich dem Studium, der Handarbeit, dem Garten und Haushalt oder arbeiten im Bildungszentrum." Denn das Kloster verfügt über einen Kindergarten, eine Grundschule mit Hort sowie eine Wirtschaftsschule, ein Gymnasium und eine Fachakademie für Sozialpädagogik. „Um 12 Uhr folgt nach der Mittagshore und dem Mittagessen eine kleine Pause, bis am Nachmittag wieder gearbeitet wird." Abends werde nochmal gemeinsam gegessen, ein Austausch der Schwestern lasse den Tag ausklingen, der offiziell mit dem Abendgebet endet. Bei ihrem abendlichen Totengedenken entsinnen sich die Schwestern nach beinahe 800 Jahren an die Stifterin Ludmilla und ihre Familie mit den Worten *Gedenken wir unserer durchlauchtigsten Stifterin Ludmilla und aller bayerischen Fürstenpersonen. Herr, gib ihnen die ewige Ruhe und das ewige Licht leuchte ihnen. Herr, lass sie ruhen in Frieden.* „Dann beginnt das große Stillschweigen, bei dem jede Schwester des Ordens in sich geht", fährt sie fort. Schließlich handelt es sich beim Zisterzienserinnenkloster um einen reformierten Benediktinerorden, bei dem die Nonnen auf ihrer Suche nach Gott in Klausur leben.

„Um 12 Uhr folgt nach der Mittagshore und dem Mittagessen eine kleine Pause, bis am Nachmittag wieder gearbeitet wird."

Das alles braucht neben einem guten Management auch genügend helfende Hände: Neben den 36 Schwestern arbeiten in dem riesigen Komplex über 150 Lehrkräfte und Erzieher im Bildungsbereich sowie 40 Angestellte für Haushalt oder Küche. Womit wir wieder beim Kamin sind – und der ist bei Tag und Nacht und zu jeder Jahreszeit ein Zeuge der Ursprünge und der langen Tradition des Zisterzienserinnenklosters.

So geht's zum Kamin:

Er befindet sich zwischen dem Kindergarten und dem Gymnasium im nördlichen Teil des Klostergeländes. Sind die Tore der entlang der Seligenthaler Straße verlaufenden Mauer geöffnet, kann der Aufbau aus der Nähe betrachtet werden. Auch von der Straße ist der Kamin jederzeit gut zu sehen.

Rundtürme

Alles eine Frage der Auslegung

Welche Motive auch immer einen Stifter oder eine Stifterin zu einer Schenkung bewegen, vollkommen selbstlos sind sie vermutlich niemals. So verhelfen Stiftungen, Geschenke oder Bauten zu Ansehen in der Gesellschaft oder sorgen dafür, nach dem Tode in Erinnerung zu bleiben. Ganz uneigennützig ist auch der Bau der Heilig Blut Kirche unter Herzog Heinrich dem Reichen (1386-1450) nicht. Der wollte damit nämlich eine Pilgerfahrt umgehen, die ihm von König Sigismund (1368-1437) aufgetragen worden war. „Die beiden Rundtürme stehen mit der Wallfahrt in Zusammenhang", erklärt Stefan Zaunseder, der in der Nähe der Kirche aufgewachsen ist. Die vom König auferlegte Wallfahrt war die Strafe für Heinrich aufgrund eines – zwar missglückten – Mordanschlags 1417 auf seinen Vetter Ludwig den Bärtigen (wohl 1368-1447).

Die Hintergründe des Attentats reichen allerdings viel weiter zurück: Der ganze Widerstreit hat seinen Ausgangspunkt in einer Entscheidung, die 1392 getroffen wird, als Heinrich gerade einmal sechs Jahre alt ist. In diesem Jahr kommt es zur Bayerischen Landesteilung, nachdem Herzog Stephan II. (1319-1375) gestorben ist und das Herzogtum unter seinen drei Söhnen aufgeteilt werden muss: Bayern-München fällt an Herzog Johann II. (1341-1397), Bayern-Landshut an Friedrich den Weisen (um 1339-1393) und Bayern-Ingolstadt an Stephan III. (1337-1413). So erhält Friedrich das größte Territorium, während Stephan III. das kleine und zersplitterte Territorium zufällt.

Es zeichnet sich also ab, was später einmal zum Konflikt zwischen den beiden Vettern führen sollte – denn Heinrich ist der Sohn des reich beerbten Friedrich und Ludwig Sohn des „Verlierers" Stephan III. Nachdem die beiden Vettern die Territorien geerbt haben – Heinrich Bayern-Landshut und Ludwig Bayern-Ingolstadt – wachsen die Differenzen in den darauf folgenden Jahren so sehr an, dass Heinrich 1414

Die Kirche „Heilig Blut" in Berg ob Landshut mit ihren beiden charakteristischen Rundtürmen.

schließlich ein Bündnis gegen seinen Vetter anregt. Es besteht aus mehreren Fürsten verschiedener Regionen, alle mit demselben Motiv: der Verbrüderung gegen Ludwig den Bärtigen.

Der Konflikt spitzt sich zu, als sich die beiden Vettern im Jahr 1415 auf dem Konstanzer Konzil begegnen. Dort sollen neben vielen religiösen Fragen auch profane Angelegenheiten thematisiert werden, weswegen Ludwig die Situation nutzt, um die Landesteilung infrage zu stellen. Sein Ruf nach einem größeren Territorium wird lauter. Als Reaktion gründet Heinrich die „Konstanzer Liga" auf der Basis der bereits bestehenden Vereinigung gegen Ludwig. Dieser hingegen versucht König Sigismund von seinem Recht zu überzeugen und fordert eine Verhandlung am königlichen Hofgericht.

„Am 19. Juli 1417 kommt es nach den Verhandlungen des Hofgerichts zum Eklat", berichtet Stefan Zaunseder. Denn das Urteil besagt, wie Gerald Huber in seinem Buch *Die Reichen Herzöge von Bayern-Landshut* schildert, dass die Landesteilung von 1392 nach wie vor Gültigkeit besitzt. „Ludwig fasste die Niederlage sehr schlecht auf", fährt Stefan Zaunseder fort, „er beleidigte und beschimpfte seinen Vetter Heinrich." Er bezeichnet ihnen außerdem als „Blutvergießer" und nennt ihn herabwürdigend „Sohn eines Kochs", was das Fass zum Überlaufen bringt. Nur noch das schnelle Eingreifen eines Fürsten, der Heinrich fortzerrt, verhindert das Schlimmste. Doch der Hass sitzt nicht nur bei Ludwig, sondern auch bei Heinrich tief. „Er ritt heim, sammelte fünfzehn seiner Getreuen und lauerte Ludwig vor seiner Herberge auf, als dieser zwischen zehn und elf Uhr abends nach Hause kam", beschreibt Gerald Huber die Situation kurz vor der Tat. Mit dem Schwert geht Heinrich auf Ludwig los, der nur knapp mit dem Leben davonkommt – ein Verbrechen, das nicht ungestraft bleiben sollte.

Stefan Zaunseder ist in der Nähe der Kirche „Heilig Blut" aufgewachsen.

Heinrich droht die Reichsacht und der Verlust seines Herzogtums, doch seine Kontakte verhelfen ihm zu einer Begnadigung. Und damit beginnt auch die Sage um die Landshuter Kirche, denn der König soll ihm eine Bedingung gestellt haben, die zu der ungewöhnlichen Architektur des Gotteshauses geführt habe – so beurteilt es Gerald Huber, der als Erster einen ernsthaften Zusammenhang zwischen Kirchenbau und Sage gesehen hat. Diese Bedingung lautet: „Er müsse eine Wallfahrt zur Kirche ‚Zum Heiligen Blut' in Jerusalem machen", erklärt Stefan Zaunseder.

Der Weg nach Jerusalem war jedoch nicht nur weit, sondern auch teuer und zeitaufwendig. So soll Herzog Heinrich nahe der Burg Trausnitz eine Kirche mit dem Patrozinium „Heilig Blut" haben bauen lassen, dessen Verehrung vor allem nach den Kreuzzügen hierzulande praktiziert wurde. Und nun nennt der gebürtige Landshuter die Besonderheit: „Statt eines eckigen Turms baute er zwei Rundtürme an." Eine Kirche mit Rundturm sei an sich schon selten, erläutert er, eine solche mit *zwei* Rundtürmen aber – bis heute eine Rarität, nicht nur an bayerischen Kirchen! Am Ort der heutigen Kirche stand zuvor eine Holzkirche aus dem 8. Jahrhundert, der im 12. Jahrhundert ein Steinbau folgte und schließlich der Bau der Heilig Blut Kirche in der ersten Hälfte des 15. Jahrhunderts. An deren Bauherrn Heinrich erinnert ein Schlussstein mit seinem Wappen in der Sakristei.

Ob die Geschichte um die beiden orientalisch anmutenden Türme wirklich wahr ist oder in den Bereich der Legenden gehört, spielt letztendlich keine Rolle. Denn so oder so – Heinrich hat es geschafft, im Gedächtnis zu bleiben. Sei es als einer der drei Reichen Herzöge Landshuts, wegen seiner aufbrausenden Art oder seiner beiden Rundtürme an der Kirche Heilig Blut hinter der Burg Trausnitz!

So geht's zu den Rundtürmen:

Die Kirche „Heilig Blut" befindet sich im Stadtteil Berg ob Landshut in der Pfarrgasse 14 südöstlich des Hofgartens.

Fassadenfront

Auf lange Sicht

Die Landshuter Innenstadt präsentiert sich in einer buchstäblich bunten Vielfalt an Häusern, gekleidet in den unterschiedlichsten Farben, jedes mit anderem Giebel, der eine etwas breiter, der andere etwas höher. Doch alle haben sie eines gemeinsam: Die Häuser besitzen keine Erker. Das ermöglicht den Blick auf die lange und prächtige Fassadenfront. Dass den Häusern solche Anbauten fehlen, ist allerdings kein Zufall: „Die Landshuter Stadtväter haben, sehr wahrscheinlich auf Anregung Herzog Heinrichs des Reichen, 1407 das Erkerverbot verhängt", erklärt Werner Ebermeier. Der habe generell für viele Veränderungen in der Stadt gesorgt und einige Anbauten und Nebengebäude abreißen lassen. „Bereits 1403 hatte er den Bürgern huldvoll die Pflasterung der Altstadt genehmigt", ergänzt der Historiker. Bekannt ist Heinrich der Reiche (1386-1450) vor allem auch für den Abriss der Judengasse und des Judentors im Jahr 1410, um dadurch mehr Raum auf dem heutigen Dreifaltigkeitsplatz zu schaffen. Doch seine Aktionen stießen bei der Bürgerschaft nicht unbedingt auf Gegenliebe, zumal das Verhältnis ohnehin bereits angespannt war, nachdem der Herzog bei seinem Amtsantritt die Privilegien der Bürger nicht bestätigte – wie seine Vorgänger es immer getan hatten. Das führte letztendlich zu einem Bürgeraufstand (siehe Geheimnis Röcklturm).

„Die Landshuter Stadtväter haben, sehr wahrscheinlich auf Anregung Herzog Heinrichs des Reichen, 1407 das Erkerverbot verhängt."

„Das Erkerverbot hatte verschiedene Gründe", fährt Werner Ebermeier fort. „Einerseits stand es im Zusammenhang mit den Veränderungen im Stadtbild, andererseits diente es wohl auch der Sicherheit." Denn es dürfte hin und wieder passiert sein, dass ein auf Holzbalken ruhender Erker instabil wurde. Doch so ein Anbau hatte für die

Warum es in der Altstadt keine Erker an den Häusern gibt, weiß Werner Ebermeier..

Bewohner eben auch seine Vorteile: Nicht nur verschaffte er ihnen mehr Platz, sondern bildete auch einen hellen Raum. „Durch mehrere Seiten des Erkers dringt Licht ein, weswegen sich die Menschen gerne dort aufhielten, sei es zum Schreiben oder für irgendwelche Handarbeiten."

Auf solche praktischen Anbauten am Haus sollten die Bürger also verzichten? Tatsächlich fügten sie sich und – mehr noch – sie bestanden sogar selbst darauf, als Ludwig X. (1495-1545) an der Macht war. Der ließ während seiner Regierungszeit nicht nur die Burg Trausnitz in ein prächtiges Schloss umgestalten, sondern plante in der Stadt einen Renaissancepalast – der erste seiner Art auf deutschem Boden. Als der Bau zwischen 1536 und 1543 umgesetzt wurde, kam es allerdings zum Streit. Für die mitten in der Stadt gelegene herzogliche Stadtresidenz war nämlich ein Erker vorgesehen! Doch die Bürger wehrten sich erfolgreich dagegen gemäß dem Motto „gleiches Recht für alle". „Ludwig hätte sich wohl die Augen gerieben", sagt Werner Ebermeier, „als die Bürger Jahre später einen Erker an ihrem Rathaus anbrachten!" Dieser ist bereits im Stadtmodell Jakob Sandtners (um 1530/40-1585/90) zu sehen, das aus dem Jahr 1572 stammt.

Wer heute aufmerksam durch die Stadt spaziert, findet abgesehen vom Rathaus vereinzelt Häuser mit Erkern, auch in der Altstadt. „Diese stammen aus einer späteren Zeit", erklärt Werner Ebermeier. Damals wohl ein Ärgernis für manche, heute ein Glücksfall für die Stadt. Sonst gäbe es nicht den Blick auf die schöne Fassadenfront aus bunt aneinandergereihten Häusern. Dafür, dass es auch so bleibt, sorgen die 1906 erlassenen Vorschriften zur Erhaltung der Fassadengestaltung. Somit bleibt auch in Zukunft die einzigartige Kulisse für das Historienevent „Landshuter Hochzeit 1475" bestehen, wenn jedes prächtig geschmückte Haus sich in langer Front präsentiert.

So geht's zur Fassadenfront:

Die erkerlosen Fassaden finden sich in der gesamten Altstadt und Neustadt.

Das Kreuz war auf Fernsicht ausgelegt und somit beabsichtigt, dass die Inschrift nicht zu erkennen ist.

40

Chorbogenkreuz

Sieben Letzte Worte

„Das ist wirklich ein Geheimnis", sagt Monsignore Dr. Franz Joseph Baur und schaut in der Stiftskirche St. Martin nach oben zu dem monumentalen Kruzifix, das im Chorbogen über dem Altar hängt. „Von unten ist es nämlich wegen seiner kleinen Größe nicht zu erkennen." Das Geheimnis, von dem der Stiftspropst spricht, offenbarte sich 2002, als das Denkmal zur Konservierung abgehängt wurde: „Im Lendentuch des gekreuzigten Christus sind die ‚Sieben Letzten Worte' Jesu am Kreuz eingeschnitzt", fährt der Pfarrer fort.

Die Skulptur – und somit die Inschrift – stammt vermutlich vom Ulmer Bildhauer Michel Erhart (um 1440/45 - nach 1522), der für die

Kirche St. Michael in Schwäbisch Hall ein ähnliches Werk geschaffen hat. Dort zeigt sein Denkmal denselben lateinischen Schriftzug, ebenfalls im Lendentuch, der vollständig wie folgt lautet:
PATER IGNOSCE ILLIS QUIA NESCIUNT QUID – HODIE ERIS MECUM IN PARADISO – MULIER ECCE FILIUS TUUS ECCE MADER TUA – DEUS [,] DEUS MEUS [,] UT QUID DERELIQUISTI ME – SICIO – CONSUMMATUM EST – PATER IN MANUS TUAS COMMENDO SPIRITUM MEUM.

Es sind die im Neuen Testament überlieferten, während seiner Kreuzigung gesprochenen Worte Jesu, seine letzte Botschaft an die Menschen vor seinem Tod. Traditionell werden die Verse in der Reihenfolge wiedergegeben, die mit der Vergebungsbitte beginnt: „Vater, vergib ihnen, denn sie wissen nicht, was sie tun." Die nächsten Worte, „Amen, ich sage dir: Heute noch wirst du mit mir im Paradies sein", haben darin ihren Grund, dass zu den Seiten Jesu zwei weitere Verurteilte gekreuzigt wurden. Es folgen die an seine Mutter Maria gerichteten Worte „Frau, siehe, dein Sohn!" sowie „Siehe, deine Mutter!" Der nachfolgende Vers „Mein Gott, mein Gott, warum hast du mich verlassen?" deutet zwar ein Gefühl von Verzweiflung an, steht aber im Kontext eines Psalms, der tatsächlich vom Vertrauen in Gott handelt. Weiter geht es mit „Mich dürstet" und schließlich dem Vers „Es ist vollbracht" – ein Hinweis, dass der Gottessohn seinen Auftrag erfüllt hat. Mit den Worten „Vater, in deine Hände lege ich meinen Geist" endet die Inschrift.

Eingeschnitzt im Saum des Lendentuchs finden sich die „Sieben Letzten Worte".

Monsignore Baur fährt fort: „Wo immer das Kreuz ursprünglich gehangen hat, es war wegen seiner gigantischen Größe – die Spannweite der Arme beträgt über fünf Meter – auf Fernsicht angelegt, nicht auf die Betrachtung aus der Nähe." Und nicht alle Wörter seien zu erkennen, da der Schriftzug sich im um die Hüfte herum teilweise eingeschlagenen Saum befindet. Aber dadurch verliere die Inschrift nicht ihre Bedeutung, merkt er an. „Es ist ja nicht der einzige Sinn einer Inschrift, jemandem etwas mitzuteilen. Sie prägt an dieser Stelle dem Bildnis das ein, was vom Leiden und Sterben Jesu wirklich überliefert ist. Denn wir haben ja kein Bild, wie Jesus am Kreuz ausgesehen hat. Das Einzige, was wir haben, sind die Worte der Evangelien. Die biblischen Worte – und zwar genau die, die Jesus selbst am Kreuz gesprochen hat – sind in das Kruzifix eingeschrieben. So wird aus dem Kunstobjekt ein Kultobjekt." Durch die Jahrhunderte hindurch hätten die Menschen gewusst, wofür das Kruzifix stehe und was es bedeute. „Wer es anschaut, sieht sich wirklich dem leidenden und sein Leiden mit Sinn füllenden Heiland gegenüber. Es ist ein wahrhaftiges Bild des wirklichen Jesus, der gelitten hat für das Heil der Menschen."

Erschaffen wurde das Kreuz als Votivgabe zum Ende der Pest in Landshut. Die Stadt wurde mehrmals von der unheilvollen Seuche geplagt, bereits im 14. Jahrhundert wütete der „Schwarze Tod" in ganz Europa: eine der schlimmsten Pandemien, die europaweit über 20 Millionen Tote forderte. Aus Zentralasien gelangten die Bakterien damals nach Europa. Seitdem erlebten die Menschen immer wieder Ausbrüche der Pest, darunter in Landshut ein weiteres Mal Ende des 15. Jahrhunderts. Herzog Georg der Reiche (1455-1503), der zu dieser Zeit regierte, soll die Stadt verlassen und in Worms Schutz gesucht haben. Laut Stadtchronik starben 3.000 Menschen in Landshut an der Krankheit – wobei nicht klar ist, wie verlässlich die Zahlen sind. Klar ist jedoch, dass die Seuche unzählige Opfer forderte.

Das Chorbogenkreuz soll schließlich 1495, zum Ende der Pest, gefertigt worden sein. So erinnert das Kreuz nicht nur an die Menschen, die unter der Seuche gelitten haben, sondern mahnt mit den „Sieben Letzten Worten" Jesu, das Leiden Christi nicht zu vergessen.

So geht's zum Chorbogenkreuz:

Das Kreuz mit Inschrift hängt über dem Altar in der Stiftsbasilika St. Martin, die sich zwischen der Alt- und der Neustadt befindet.

Saft
LADEN
Air2live.de
Coronafreie Zone

41

Altes Hofbräuhaus

Eindrücke eines französischen Offiziers

„Hier war früher ein Gasthof", sagt Dr. Mario Tamme und zeigt auf das Anwesen, in dem sich ab 1863 das *Hofbräuhaus* befand, das während des Deutsch-Französischen Krieges (1870/71) als Unterkunft für gefangene französische Offiziere diente. An der prächtigen Rokoko-Fassade des Hauses fallen jedoch zunächst die beiden Wappen über dem Eingangsportal auf. Diese stammen aus einer früheren Zeit, in der das Haus einen anderen Zweck erfüllte: „Die beiden Wappen gehörten dem Baron Kammerlohr und seiner Frau Maria Anna Pettenkofer", erklärt der Historiker. Josef Marquard Freiherr von Kammerlohr war Kämmerer und Regierungsrat, seine Gattin die Tochter des Landshuter Bürgermeisters Johann Michael Pettenkofer. Nach seinem Tod 1760 bezogen seine Tochter und ihr Ehemann das Anwesen. „Nach Maria Anna Pettenkofers Heirat 1745 mit dem Freiherrn von Kammerlohr ließ dieser das Haus im Stil des Rokoko umbauen und die Wappen anbringen." Über den Ursprung und die Bedeutung der beiden Wappen ist allerdings nichts bekannt. Der Baron verstarb 1771 während eines seiner Besuche in seinem Irnsinger Palais, woraufhin seine Witwe den gemeinsamen Wohnsitz in der Landshuter Innenstadt verließ.

Später beherbergte das Haus ein Hotel, bis daraus die Gastwirtschaft *Hofbräuhaus* wurde. Die Wohnungen in den Stockwerken darüber waren zu der Zeit vermietet: „Der französische Offizier Auguste Cabrié war als Kriegsgefangener im *Hofbräuhaus* untergebracht", erklärt Mario Tamme. Den gefangenen Offizieren war es gestattet, sich auf Ehrenwort frei zu bewegen und sich mit ihrem Sold ein Quartier zu suchen. Während Cabriés Zeit in Landshut von September 1870 bis März 1871 hat der Hauptmann seine Erlebnisse in einem Tagebuch festgehalten. Seine Einträge, illustriert von dessen Kamerad namens Grouchy, vermitteln einen lebendigen Eindruck von der Stadt und

Hinter Mario Tamme befindet sich das alte „Hofbräuhaus", in dem 1870/71 zwei französische Kriegsgefangene untergebracht waren.

ihren Menschen. Wie der Eintrag vom 16. Oktober 1870, einem Kirchweihsonntag: „Die ganze Stadt ist heute draußen. Die Frauen tragen die elegantesten Toiletten, man sieht auch die merkwürdigsten Trachten mit engen Hosen, gelben und schwarzen Stiefeln, mit kleinen Westen, die bis zu den Achseln heraufsteigen, und langen Rockschößen." Auch die Gasthäuser seien gefüllt – zu der Zeit existierte übrigens das Gasthaus „Drei Mohren" (siehe Geheimnis Terrakotta-Köpfe) –, fährt der Hauptmann mit einer Beschreibung der Frauen fort: „Die einen betrachten uns mit einiger Sympathie, die anderen starren uns mit unglaublicher Neugierde an, wahrscheinlich ganz erstaunt, dass unsere Nase genau so schief im Gesicht sitzt wie bei den ausgepichtesten Deutschen, wieder andere – und ich bedaure feststellen zu müssen, daß zu ihnen sehr hübsche gehören – werfen uns verachtungsvolle Blicke zu, die einen Mann vom Scheitel bis zur Sohle abschätzen."

Sein Tagebuch enthält auch eine Beschreibung des *Hofbräuhauses*, „das im Jahre 1794 die Ehre hatte, den Kaiser von Österreich aufzunehmen", als sich in dem Haus noch ein Hotel befand. Cabriés Wohnung im ersten Stock, die er gemeinsam mit seinem Kameraden bewohnte, stellt er ausführlich dar, beschreibt die Dekoration, Möbel und andere Einrichtungsgegenstände. „In den Einträgen wird die damalige Biedermeier-Atmosphäre gut vermittelt", merkt Mario Tamme an. Der französische Offizier berichtet außerdem, wie das Anwesen zu der Zeit ausgesehen hat: „Die Fassade ist in verblichenem Blau getüncht und mit Skulpturen geschmückt." Von der Farbe und den Skulpturen ist heute nichts mehr erhalten. Geblieben ist jedoch die Erinnerung daran, dass sich in dem Anwesen einst das *Hofbräuhaus* befand.

So geht's zum alten Hofbräuhaus:

Das Haus befindet sich zwischen Altstadt und Neustadt in der Schirmgasse 264.

Der Nahensteig, zwischen der Altstadt im Norden und dem Dreifaltigkeitsplatz im Süden gelegen, hat nichts mit Narren zu tun.

42

Nahensteig

Fließendes Wasser

Wie der Nahensteig zu seinem Namen gekommen ist, verrät die im *Turmkränzlein* überlieferte Geschichte der Bürgerverschwörung unter Herzog Heinrich dem Reichen (1386-1450): Demnach soll dessen Hofnarr, zufällig unten in der Stadt unterwegs, auf ein Gespräch aufmerksam geworden sein. Nachdem er die Verschwörer belauscht hatte, die Pläne für einen Bürgeraufstand schmiedeten, eilte er zurück zum Herzog, um ihm davon zu berichten. Dabei nahm er eine Abkürzung, einen Pfad, auf dem kaum jemand lief und schon gar nicht nachts: den direkten Weg den Berg hoch zur Burg und über die Geheimtreppe in das Gemach des Herzogs. Dabei soll ihn dieser in der Folge „Narrensteig“ genannte Weg direkt an den Hang unterhalb der Festung geführt haben – und aus dieser Bezeichnung wurde im Laufe der Zeit schließlich der „Nahensteig“. Eine vernünftig scheinende Erklärung, verläuft die Gasse doch tatsächlich direkt unterhalb der Burg, nur getrennt durch den steilen Hügel. Doch Petra Seifert schüttelt den Kopf: „Mit einem Narren hat der Name nichts zu tun." Die Ereignisse im Zusammenhang mit der Bürgerversammlung spielten sich außerdem anders ab (siehe Geheimnis Röcklturm). Auch mit dem Wort „neu" habe die Bezeichnung nichts gemein, wenn auch der Weg für einige Zeit „Neuer Steig" genannt wurde. „Aus dem mittelalterlichen Wort ‚newen' für ‚neu' kann sich nicht das Wort ‚nahen' ableiten", ergänzt die germanistische Mediävistin, die sich rund ums Mittelalter auskennt.

Vielmehr habe die Straße etwas mit den Juden zu tun, die hier einst lebten (siehe Geheimnis Grünfläche): „Das hebräische Wort *nahar* bedeutet ins Deutsche übersetzt ‚Bach, Quelle' und ‚lebendiges fließendes Wasser'", erklärt Petra Seifert. Zum Zeitpunkt der Stadtgründung Ludwigs (1174-1231) im Jahr 1204 floss entlang des Nahensteigs ein Seitenarm der Isar, bereits früh genutzt von einer Mühle, die an der Stelle der späteren Jesuitenkirche stand. Noch im 15. Jahrhundert existierte er als kleiner Bach. Doch nicht nur für die Mühle, sondern auch für das „Judenbad", das bereits für die Mitte des 14. Jahrhunderts durch einen Eintrag im Saalbuch St. Martin belegt ist und nahe des Dreifaltigkeitsplatzes gelegen hat, wurde das fließende Wasser genutzt. „Das sogenannte Judenbad wurde von Christen betrieben und trägt seinen Namen nicht etwa, weil es von Juden besucht worden wäre, sondern weil es sich im ‚Judenviertel' befand", merkt die germanistische Mediävistin an, die in Landshut ehrenamtlich historische Stadtführungen zum Leben der Juden gibt.

Die germanistische Mediävistin Petra Seifert steht direkt unterhalb der Burg Trausnitz inmitten des Nahensteigs.

„Zum Ausüben des jüdischen Glaubens“, erklärt sie, „braucht es neben einem Bethaus auch eine Mikwe.“ Das Bethaus könne aus einem einfachen Zimmer bestehen. Die Mikwe, das Ritualbad, wird für rituelle Waschungen benutzt. Die Größe des Beckens ist dabei weniger entscheidend als die Qualität des Wassers: „Es muss frisch sein, aus fließenden, keinesfalls aus stehenden Gewässern stammen. Es kann sich auch um Regenwasser handeln, das in einer Zisterne aufgefangen wurde“, fügt sie hinzu. Neben dem „Judenbad“ befand sich beim Nahensteig das jüdische Schlachthaus und bei der heutigen Grünfläche auf dem Dreifaltigkeitsplatz außerdem die Synagoge. Beim Umbau des Herzogkastens im Jahr 1857, der 1468 gebaut worden war, 18 Jahre nach der Vertreibung der Juden durch Ludwig, kam neben den Grundmauern älterer Häuser auch ein Brunnen – oder Reste einer Zisterne – zutage. „Auch 1499 wird noch eine Wasserquelle in der Nähe der ehemaligen Synagoge erwähnt“, ergänzt Petra Seifert.

Es gab also im Viertel der Juden, das nie ein Ghetto gewesen sei, merkt die germanistische Mediävistin an, eine ausreichende Versorgung mit fließendem Wasser, was die Bezeichnung Nahensteig aufgrund ihrer hebräischen Herkunft andeutet. Die Bevölkerung, des Hebräischen nicht mächtig, machte aus der ursprünglichen Bezeichnung „Nahensteig“ beziehungsweise „Narrensteig“. Der Name der Gasse leitet sich daher gewiss nicht von einem Narren ab, der laut Sage eine Bürgerverschwörung belauschte. Und noch etwas gilt es zu klären: „Die Narrenstiege, also die bemalte Wendeltreppe in der Burg Trausnitz“, versichert Petra Seifert, „hat weder etwas mit der Geschichte um die Verschwörung zu tun, noch steht sie in Zusammenhang mit dem Nahensteig.“ Alles klar?

So geht’s zum Nahensteig:

Die Straße befindet sich zwischen dem Dreifaltigkeitsplatz und der Martinskirche am südlichen Ende der Altstadt.

Ritter

Bis ins letzte Detail

„Es ist immer gut, eine Taschenlampe dabei zu haben", sagt Mirjam Goeth, „zumindest beim Untersuchen mittelalterlicher Inschriften." Denn trotz strahlenden Sonnenscheins ist das Licht im Inneren der Kirche St. Jodok dumpf und Schatten verbergen die Details der figuralen Grabplatte an der Westwand. Doch eben diese würden das Relikt einzigartig machen, fährt die wissenschaftliche Mitarbeiterin an der Bayerischen Akademie der Wissenschaften fort: „Das Grabdenkmal zeigt den Ritter Peter von Altenhaus, in einer ausgesprochen detaillierten Ausführung." In voller Rüstung steht er, als Symbol der Treue, auf einem Hund. In der einen Hand hält er eine Lanze mit Fahne, die andere ruht auf dem Heft des Schwertes. Die Arbeit ist so sorgfältig ausgeführt, dass es wirkt, als sei der Ritter in der ersten Hälfte des 16. Jahrhunderts versteinert und seitdem im Rotmarmor festgehalten worden.

„Die um die Grabplatte umlaufende Sterbeinschrift ist in gotischen Minuskeln geschrieben", fährt die Inschriftenexpertin fort und leuchtet mit der Lampe auf die einzelnen Buchstaben. „Zwar ist die Schrift sehr ansprechend gestaltet, aber die verspielte Art macht das Lesen zu einer echten Herausforderung." Sie entziffert, was dort geschrieben steht:

Anno d(omi)ni · 1 · 5 · 13 iar a(n) sand martens / tag Jst gestorbe(n) der edl gestrenge Riter her Peter vo(n) alte(n)havs weila(n)t Romischer kaymer kaiser / Maximilia(n) Rat stalmaist(er) · vnd trvchs(ess) / avch des hochgebore(n) fvrste(n) herczog(en) Wilhalm(en) · i(n) · bairn pfleger zv(m) naternberg gewese(n) de(m) got genad

Die Inschrift besage, sinngemäß übersetzt, dass der Ritter Peter von Altenhaus am Sankt Martinstag, dem 11. November, im Jahr 1513 gestorben sei. Weiterhin werde seine Funktion als Rat, Stallmeister und Truchsess des Kaisers Maximilian I. (1459-1519) und des Herzogs Wilhelm V. (1493-1550) sowie sein Amt als Vogt zu Natternberg

Inschriftenexpertin Mirjam Goeth kann die Worte auf der detailgetreuen figuralen Grabplatte des Ritters lesen.

erwähnt. „Die filigrane Sterbeinschrift enthüllt aber noch mehr", kündigt sie an und fährt fort: „Die Buchstaben sind nicht eingraviert, sondern erhaben dargestellt. Eine anspruchsvolle Technik, die nur von erfahrenen Steinmetzen so gut beherrscht wird." Um welchen Bildhauer es sich bei dem Grabdenkmal gehandelt habe, verrate eine kleine Inschrift in der Ecke. „Auf der kleinen Tafel vor der Schnauze des Hundes", sagt Mirjam Goeth und bewegt den Lichtkegel an besagte Stelle, „sind die Buchstaben *S* und *R* eingehauen, getrennt von einem Steinmetzzeichen." Sie gehören zum Bildhauer Stephan Rottaler (um 1485-1533), einem Meister seiner Zeit, der unter anderem auch für den herzoglichen Hof in Landshut tätig war.

Den Auftrag für die figurale Grabplatte erhielt der Künstler allerdings nicht vom Verstorbenen selbst zu dessen Lebzeiten, sondern von dessen Ehefrau Katharina Daum (gestorben 1544). Diese war mit dem Ritter in dritter Ehe verheiratet: Nach dem Tod ihrer ersten beiden Ehemänner, den Rittern Christoph von Cammer und Jörg Schenk von Neudeck, folgte besagter Peter von Altenhaus und schließlich Eitl David von Knöring, Mitglied einer bekannten Adelsfamilie. Sie überlebte alle vier Gatten. Nur ihr dritter Ehemann ist in Landshut bestattet – und offenbar war es der Wunsch der Witwe, diesem nahe zu sein, denn die reiche Bürgerstochter aus Braunau hatte festgelegt, dass sie in St. Jodok bestattet werden möchte. „Warum sie sich bei ihrem dritten Ehemann bestatten ließ, ist natürlich spekulativ", sagt die Doktorandin, „aber es scheint, dass er ihr liebster Mann war." Allen voran beeindrucke sie beim Grabdenkmal des Ritters – neben der kunstvollen Inschrift und der vierfach verheirateten Katharina Daum – die Ausführung, in der das Denkmal angefertigt wurde. „Der Grad an Detailtreue ist enorm hoch. Die Ober-

Die kleine Tafel vor der Schnauze des Hundes zeigt die Initialen und das Steinmetzzeichen des Bildhauers Stephan Rottaler.

fläche des Harnischs ist außerordentlich beeindruckend, jede Rille ist erkennbar", sagt Mirjam Goeth, „es wirkt wie eine lebendige Darstellung." Der Riefelharnisch, charakterisiert durch seine geriffelte Oberfläche, sei nur zwischen 1500 und 1530 angefertigt worden. Auch dass der Ritter das Modell eines deutschen Visierhelms trage, sei dank der realistischen Darstellung eindeutig zu identifizieren. „Die Liebe zum Detail setzt sich am Rest des Körpers fort, von den eingerollten Federtollen am Kopf bis zu den Sporen am Fuß."

Die Wissenschaftlerin kann weitere Details benennen: „Auf der Parierstange des Schwerts sind die Initialen des Ritters, *PVA*, eingearbeitet." Mehr noch, entlang der Schwertscheide würden weitere Buchstaben verlaufen: *A b E* – vermutlich stellen sie ebenfalls Initialen dar. Bisher, erklärt Mirjam Goeth, seien sie niemandem aufgefallen, erst bei intensiver Untersuchung entdeckte die Doktorandin diese zufällig selbst. „Bisher haben wir aber nicht rekonstruieren können, wie die Abkürzung aufzulösen ist", merkt sie an. Sicher ist jedoch: Es handelt sich um eine Entdeckung, die ohne externe Lichtquelle nicht möglich gewesen wäre. Also – beim Erkunden des Denkmals in der Kirche St. Jodok unbedingt eine Taschenlampe mitnehmen!

„Auf der Parierstange des Schwerts sind die Initialen des Ritters,* **PVA**, *eingearbeitet."

So geht's zum Ritter:

Das Grabmal befindet sich an der Westwand in der östlich der Innenstadt gelegenen Kirche St. Jodok.

Die drei Köpfe sind stereotyp mit krausem Haar, ausgeprägten Gesichtszügen und großen Ohrringen dargestellt.

44

Terrakotta-Köpfe

Faszination des Exotischen

Beinahe wie die Porträts römischer Kaiser wirken die drei Köpfe an der Fassade des Hauses: Sie haben ebenso ausgeprägte Gesichtszüge und charakteristische Locken wie die Büste des römischen Kaisers Caracalla (188-217 n. Chr.), dazu tragen die bis zur Schulter sichtbaren Figuren außerdem ein Gewand, das an eine Toga erinnert. Doch weit gefehlt: Die drei Miniatur-Köpfe stellen „Mohren" dar. Eine historische Bezeichnung, die sich im eigentlichen Sinn auf die Bewohner Äthiopiens sowie des westlichen Nordafrikas bezieht und in der Zeit vom 16. bis 18. Jahrhundert allgemein Menschen mit dunkler Hautfarbe beschrieb.

„Das Wirthaus *Zu den Drei Mohren* befand sich früher in diesem Haus", erklärt Josef Wiesmüller, Architekt und 1. Vorsitzender des Vereins „Freunde der Altstadt Landshut". Dass es hier außerdem eine gleichnamige Brauerei gab, verraten die drei Schilder oberhalb der Terrakotta-Köpfe. Auf dem mittleren ist der sechseckige Brauerstern abgebildet, das Zunftzeichen der Brauer. Das linke Schild zeigt das lateinische Wort *RENOVATUM* und darunter den Namen *Ant. Goeßl* – das ist der Bierbrauer, der die Fassade renovieren ließ. Auf dem rechten Schild steht ein weiterer Name, vermutlich der seiner Frau *Mar. Goeßl*, sowie die Angabe *Anno 1845*, der Zeitpunkt einer Fassadenerneuerung. Wie auch die Herberge hieß die Brauerei „Zu den Drei Mohren", weswegen Goeßl wahrscheinlich auch die drei Köpfe anbringen ließ. „Aus der Brauerei wurde schließlich der gleichnamige Gasthof, der bis 1908 in Betrieb war", ergänzt Thomas Stangier, Kunsthistoriker, kommissarischer Leiter der Städtischen Museen und ebenfalls Vorstandsmitglied der „Altstadtfreunde". „Dann folgten erneut Brauereibesitzer, bis schließlich das Schreibwarengeschäft Dallmer sich dort einrichtete, auf das noch heute das goldfarbene Tintenfässchen im schmiedeeisernen Schild verweist", fährt Stangier fort.

„Das Haus war lange Zeit ein bedeutendes Anwesen", erklärt Wiesmüller. „Seit dem 15. Jahrhundert wohnte dort die *who is who* von Landshut", von Ratsmitgliedern und Bürgermeistern bis zum „Vicedom", dem Stellvertreter des Landesherrn. Das belegen einerseits historische Dokumente, andererseits die Architektur des Hauses: „Der Bau zeigt schon durch seine Breite mit den fünf Fensterachsen, dass hier wichtige Persönlichkeiten untergebracht waren", fährt er fort. In den folgenden Jahrhunderten wurde das Haus mehrfach umgebaut, von der mittelalterlichen Fassade hat sich nichts erhalten. „Innen gibt es aber noch spätgotische, weitgespannte Sterngewölbejoche im Bereich der ehemaligen Hofdurchfahrt und eine Hofbebauung mit Rundbogenarkaden auf toskanischen Säulen aus der Spätrenaissancezeit", merkt Wiesmüller an.

„Das Haus war lange Zeit ein bedeutendes Anwesen. Seit dem 15. Jahrhundert wohnte dort die ‚who is who' von Landshut."

Doch wie kam die Brauerei zu ihrem Namen? Lebten einst „Mohren“ in Landshut? Belegt ist, dass das erste „Mohrenkind“ 1570 in die Stadt gekommen war, dem wenige Jahre später weitere Afrikaner folgten. Allerdings nicht, um hier ein neues Leben anzufangen, sondern als „Exotika“ des Herzogs Wilhelm V. (1548-1626). Dieser verwandelte seinerzeit die Burg Trausnitz in einen Renaissancepalast: Er ließ die Räumlichkeiten mit Wandmalereien schmücken sowie einen Lustgarten anlegen, in dem er exotische Tiere wie Löwen und Panther hielt. Und er ließ – neben diesen Tieren – auch Menschen fremder Länder an seinen Hof bringen. Da Dunkelhäutige in diesen Breitengraden, insbesondere nördlich der Alpen, weitestgehend unbekannt waren, übten sie auf die lokale Bevölkerung eine starke Faszination aus. Doch freiwillige Besucher waren diese dunkelhäutigen Menschen nicht und auch keine Einzelfälle, denn in den nachfolgenden zwei Jahrhunderten kamen noch einige „Mohren“ an europäische Höfe – dort mussten sie als Kammerdiener oder Hofmusiker wie auch als Stallburschen, Polierer und Gärtner sowie in vielen anderen Bereichen des höfischen Lebens arbeiten.

Über den drei Terrakotta-Köpfen hängen drei Schilder, die auf die Fassadenrenovierung 1845 durch den Bierbrauer Anton Goeßl hinweisen.

„Der *Mohr* fand sich schon früh auf Siegeln oder Emblemen“, erläutert Stangier, „beispielsweise in einigen bischöflichen Wappen.“ Nach der Aufnahme des Motivs „Mohrenkopf“ in die Heraldik besaßen viele europäische Familien des 15. und 16. Jahrhunderts diesen in ihren Wappen – mit unterschiedlichen Konnotationen. Ob als Wertschätzung oder als Zeichen ihrer Verwicklung in den Sklavenhandel ist rückblickend nicht mehr zu beurteilen. Ebenso ungewiss ist die

Antwort auf die Frage nach der Bedeutung als heraldisches Symbol. Die Tucher beispielsweise, die bekannte Patrizierfamilie aus Nürnberg, führen ebenfalls einen „Mohren“ in ihrem Emblem – warum, ist bis heute nicht zweifelsfrei geklärt. Der Reiz des Exotischen spielte aber auf jeden Fall eine große Rolle.

Noch heute lassen sich viele Relikte dieser Zeit finden. Sei es die „Mohren-Apotheke“, die es vielerorts noch gibt, oder die „Mohrenbrauerei“ in Österreich oder Gasthäuser mit ähnlichen Bezeichnungen. Nicht selten leiten sich diese von Erzählungen ab, wie ein Beispiel aus Augsburg zeigt. Dort soll sich der Name des Hotels „Drei Mohren“ – wie es bis 2020 noch hieß – auf eine Legende beziehen: Demnach sind vier abessinische Mönche aus dem heutigen Äthiopien von einem Augsburger Wirt beherbergt worden. Wegen des kalten Winters sollen sie, ursprünglich zu viert, nach Süden aufgebrochen sein. Einer kam dabei ums Leben. Der Wirt holte die drei Überlebenden wieder in sein Haus und bot ihnen bis zu ihrer Abreise im darauffolgenden Frühjahr eine Unterkunft. Kurz zuvor hatte der Wirt deren Bildnis auf einer Tafel verewigt; später wurden daraus drei Terrakotta-Büsten, die lange an der Fassade des Hauses angebracht waren. Welche Geschichte sich hinter den Landshuter „Drei Mohren“ verbirgt, ist allerdings nicht mehr bekannt.

Wie in der Heraldik präsentieren sich die „Mohren“ auch im Fall einer figürlichen Darstellung immer auf die gleiche Weise: mit schwarzer Hautfarbe, die im Fall dieser Terrakotta-Köpfe nicht dargestellt ist, und Gesichtern mit dicken Lippen, auf dem Kopf wächst krauses Haar, auch tragen sie Schmuck, meistens haben sie große Ohrringe. Alles in allem also sehr stereotyp und nicht im Sinne einer verherrlichenden Selbstdarstellung, wie es bei den römischen Kaisern der Fall war.

So geht’s zu den Terrakotta-Köpfen:

Die „Drei Mohren“ hängen an der Hausfassade in der Altstadt 69 an der Ecke zur Theaterstraße.

Mahnung

In luftiger Höhe

Vogel müsste man sein, dann könnte man Landshut aus der Luft bewundern, über die Mauern der Burg Trausnitz gleiten – und die an der Kirche St. Martin eingemeißelten Worte lesen. Diese sind nämlich oben an dem Turm angebracht, der mit exakt 130,08 Metern der höchste Backsteinturm der Welt ist. Das Kreuz wurde im Jahr 1500 auf den Turm gesetzt, den eine mit Kupfer umkleidete Spitze ziert, geschmückt mit zwei steinernen Fialenkränzen. Warum dieser Turm so hoch ist, beschreibt das Sagenbuch *Turmkränzlein*, das nach dessen Aussehen benannt ist. Demzufolge sollen die Bürger, als der hohe Anbau nach Fertigstellung der Kirche noch weiter erhöht wurde, den Bauherren gefragt haben: „Wie hoch wollt Ihr den Turm noch führen?" Dieser habe geantwortet: „Nur noch so hoch, bis ihr vom Turm aus eurem Herzog auf der Trausnitz in die Schüssel gucken könnt!" Am Ende haben die Bürger dann vom unteren Kranz des Turms in die Fenster der Burg sehen können. Und genau dort, beim Ausgang zum unteren Fialenkranz ist auf etwa 100 Metern Höhe eine Warnung über dem Türsturz angebracht, die von der Straße aus nicht lesbar ist. Um einen Totenkopf herum rollt sich ein Spruchband, auf dem steht: *Ich sag niemats sterbe frey*. „Ich sag: Niemand stirbt frei", erklärt Monsignore Dr. Baur die Worte, „es stehe also niemandem frei, seinem Leben ein Ende zu setzen."

Wie bei vielen Inschriften (siehe Geheimnis Spruchbänder) scheint es aber keine direkte Warnung zu sein: „Auch wenn jemand mit dem trüben, verzweifelten oder wahnwitzigen Gedanken, sich hinunterzustürzen, auf die Balustrade hinausgetreten ist, kann er die Inschrift nicht gelesen haben", erklärt der Stiftspropst. „Die Worte sind nämlich *außen* über dem Türsturz angebracht, sodass man sie erst wahrnimmt, wenn man wieder ins Innere des Turms zurückkehrt." Es könne sein, merkt er an, dass der Turm früher besser zugänglich gewe-

Mit über 130 Metern ist der Martinsturm der höchste Backsteinturm der Welt.

sen sei als heute, denn die Kirchenverwaltung halte ihn infolge baulicher und haftungsrechtlicher Schwierigkeiten geschlossen. Einen virtuellen Rundgang gebe es aber auf der Website der Martinskirche, wo der Martinsturm in seiner ganzen Höhe von 130 Metern genauer betrachtet werden kann. Und das, fährt er fort, sei auch besser so: „Vor wenigen Jahren war die Polizei eines Morgens in St. Martin und verlangte Zutritt zu dem Turm. Ein Jugendlicher hatte in einem Abschiedsbrief angekündigt, er würde sich von einem Kirchturm stürzen", schildert Monsignore Franz Joseph Baur den Vorfall. „Zum Glück war es ein Fehlalarm, ein Missverständnis oder eine leere Drohung. Aber verkehrt ist es auch aus diesem Grund nicht, den Turm gut verschlossen zu halten und keinen öffentlichen Besucherverkehr zuzulassen." Der Geistliche hofft, dass alle Menschen den Appell der Inschrift befolgen: „Mensch, lass dir sagen: Niemandem steht es frei, seinem Leben ein Ende zu machen."

Die Inschrift über dem Türsturz ganz oben auf dem Martinsturm: „Ich sag niemats sterbe frey."

Heute befinden sich in dieser Höhe nur noch die Wanderfalken, die ihr Nest im obersten Geschoss des Turmes unterhalb des Fialenkranzes haben. Dort hat die Stadt Landshut einen Nistkasten eingesetzt, der über eine Live-Webcam beobachtet werden kann. So sind es nur noch die Falken, die sich heute in diesen Höhen bewegen und einen Blick auf die Inschrift werfen können – und die haben Flügel.

So geht's zur Mahnung:

Der Martinsturm ist von fast überall in der Innenstadt zu sehen. Die Warnung befindet sich ganz oben am Turm auf Höhe des unteren Fialenkranzes, der von der Straße aus deutlich zu erkennen ist.

Stadtarchäologin Isabella Denk vor dem ältesten Haus Landshuts, in dem früher die Schwestern des Klosters Seligenthal wohnten.

Ziegelfries

46

Bauteil aus ältester Zeit

Wie ein Schmuckband zieren die Backsteine die Hausfassade. Zwischen den sorgfältig geschichteten Ziegeln sticht eine Reihe hervor, in der die Steine nicht ihre glatte Längsseite präsentieren, sondern „Kante zeigen“ – ein Gestaltungselement, das *deutsches Band* genannt wird. „Wegen der schräg stehenden Ziegel kennt man es auch als *Sägefries*“, erklärt Stadtarchäologin Dr. Isabella Denk, „es ist ein bauzeitliches Element der Romanik und frühen Gotik.“ Das Besondere dabei: Dieses deutsche Band sieht nicht nur aus wie ein Element dieser Zeitstellung, es handelt sich auch um ein solches. „Das Bauteil gehört zum mutmaßlich ältesten Haus in ganz Landshut", fährt die Mitarbeiterin der Denkmalschutzbehörde fort.

Das Haus in der Schwesterngasse, unweit des Klosters Seligenthal gelegen, das 1232 von Herzogin Ludmilla (um 1170-1240) zu Ehren ihres ermordeten Gatten Ludwig I. (1174-1231) gestiftet wurde, soll laut Überlieferung den Laienschwestern von Seligenthal als erste Wohnung gedient haben. Somit würde es in die Gründungszeit des Klosters, also in die erste Hälfte des 13. Jahrhunderts datieren. „In den nachfolgenden Jahrhunderten war es ebenfalls im Besitz des Klosters und wurde beispielsweise für Tagwerker genutzt", fährt die Archäologin fort.

„In den nachfolgenden Jahrhunderten war es ebenfalls im Besitz des Klosters und wurde beispielsweise für Tagwerker genutzt."

Die Vermutung, dass das Haus tatsächlich ein so hohes Alter aufweise könnte, verstärkte sich, als 1937 der Verputz abgenommen wurde. Dabei kamen neben dem deutschen Band auch vermauerte rundbogige Fenster zum Vorschein. Endgültig bestätigt wurde die Datierung bei modernen Bauuntersuchungen im Jahr 2015 im Rahmen von Sanierungsarbeiten: Etwa seit der Klostergründung existiert das Haus in der Schwesterngasse. Und das deutsche Band an der Fassade stellt mehr als nur Schmuck dar – es ist ein Relikt aus einer Zeit vor beinahe 800 Jahren!

So geht's zum Ziegelfries:

Das Haus mit dem deutschen Band befindet sich gegenüber dem Kloster Seligenthal in der Schwestergasse 8.

Der stattliche Dreimaster erinnert an die Auswanderer-agentur, die sich einst hier befand.

47

Schiff

Aufbruch in die Neue Welt

Wen packt sie nicht, die Sehnsucht nach fremden Ländern und exotischen Orten, beim Anblick des stattlichen Dreimasters? Dieses Gefühl mag die Darstellung des Schiffs mit seinen gesetzten Segeln bei Vorbeigehenden wecken – zumindest, wem sie auffällt. Den meisten Blicken entgeht jedoch das kleine Relief, das sich als Schlussstein über dem Eingang eines Altstadthauses befindet. Das Gebäude wurde 1879 von Max Aloys Fahrmbacher erworben, der dort einen Groß- und Einzelhandel für Tabak und Wein einrichtete. „Die Weine wurden in großen Fässern per Fuhrwerk angeliefert, im Fasskeller eingelagert und dort nach dem

Reifeprozess in Flaschen gefüllt", erklärt Dr. Raimund Vache, Stiefsohn des 1997 verstorbenen Georg Fahrmbacher. Die Tabakwaren, meist Zigarren, bezog Max Aloys Fahrmbacher von namhaften Fabriken des In- und Auslandes.

Nach dem Ersten Weltkrieg war die Arbeitslosigkeit in Niederbayern sehr hoch, weswegen viele junge Familien sich zur Auswanderung in die USA entschlossen. „So übernahm Hermann Fahrmacher 1921 eine Auswandereragentur für die größte deutsche Schifffahrtsgesellschaft, die ‚HAPAG AG' in Hamburg", fährt Raimund Vache fort. „Als Markenzeichen dafür überließ die HAPAG ihrem Agenten Fahrmbacher das steinerne Segelschiffmodell." Bei einem Umbau sei der Hauseingang in die Hausmitte unter den zentralen Erker verlegt worden, welchen noch heute das Segelschiff ziert.

„Als Markenzeichen dafür überließ die HAPAG ihrem Agenten Fahrmbacher das steinerne Segelschiffmodell."

Im Jahr 1930 wurde aus der Auswandereragentur Fahrmbacher eine Agentur des „Mitteleuropäischen Reisebüros". „Dieses älteste Reisebüro der Stadt besteht auch heute noch an gleicher Stelle, wenngleich nicht mehr in Familienhand." Im gleichen Hause verkauft ein privater Einzelhändler unter anderem Tabakwaren, zumeist Zigarren.

Mit Georg Fahrmbacher, dem Stiefvater Raimund Vaches, ist die seit 1764 in Landshut ansässige Familie Fahrmbacher ausgestorben. Das Haus Altstadt 77 verblieb jedoch im Besitz der Familie Vache, und noch heute weckt das mit geblähten Segeln auf steinernen Wellen fahrende Schiff über dem Hauseingang die Sehnsucht nach fremden Ländern und exotischen Orten.

So geht's zum Schiff:

Die Darstellung des Dreimasters befindet sich über dem Hauseingang in der Altstadt 77, zwei Häuser links neben der Stadtresidenz.

Friedhofsverwalter Stephan Zellner ist fasziniert von dem Leben des bedeutenden Archäologen.

48

Grabstein

Ein Stück Orient in Landshut

Ein Stein mit sonderbarer Blockform, darauf eingeritzt das Symbol eines Kelchs, darunter ein horizontales Ornamentband und eine schwer zu entziffernde Inschrift – das, was klingt wie eine Beschreibung eines archäologischen Artefakts, ist der Grabstein eines Mannes, dessen Leben ebenso ungewöhnlich war wie die Gestaltung seiner Ruhestätte: Max Freiherr von Oppenheim. Dabei ist die Assoziation mit einem archäologischen Objekt gar nicht so falsch, denn der Bildhauer Egon Altdorf (1922-2008) gestaltete den Stein in Anlehnung an die „thronende Göttin", eine vom Verstorbenen selbst ausgegrabene Statue. „Max von Oppenheim war ein bedeutender Archäologe des Vorderen Orients", erklärt Friedhofsverwalter Stephan Zellner.

Dass aus dem gebürtigen Kölner einmal ein wichtiger Orientforscher wird, der eine Stiftung mit einer umfassenden Sammlung hinterlässt, ja sogar eine ganze vorderasiatische Kultur benennt, damit rechnet sein Vater, der Bankier Albert von Oppenheim nicht, als sein Sohn am 15. Juli 1860 zur Welt kommt. Zunächst studiert und promoviert der Bankierssohn im Fach Jura. Doch nach seinen ersten Aufenthalten in arabischen Ländern ist in ihm eine unbändige Leidenschaft geweckt. Der Orient übt eine starke Anziehungskraft auf ihn aus, und so ist es kein Zufall, dass er 1896 ins deutsche Generalkonsulat nach Kairo entsandt wird.

Von dort begibt er sich auf eine siebenmonatige Expedition nach Mesopotamien, ins Zweistromland zwischen Euphrat und Tigris. Er durchquert unerforschte Gebiete und einsame Landstriche, dokumentiert seine Entdeckungen. Es ist nicht nur gefährlich, sondern auch geheimnisvoll: Eines Abends, im Zeltlager eines Beduinenführers, speist er mit den Einheimischen und unterhält sich auf Arabisch mit ihnen. Die Dorfbewohner erzählen von einem „Fluch", der sie getroffen hat: Erst litten sie unter Trockenheit, dann kam eine Heuschreckenplage und zuletzt hat sie eine Krankheit heimgesucht. Alles deshalb, weil sie an der falschen Stelle gegraben hätten, als sie einen Toten bestatten wollten. Dabei seien sie auf sonderbare Steinbilder gestoßen, halb Mensch, halb Tier. Zwar hätten sie den Ort sofort wieder zugeschaufelt und verlassen, doch es war zu spät, der Geist sei bereits entkommen … Welche Worte auch immer die Einheimischen wählen, es weckt die Neugier Oppenheims: Er begibt sich auf die Suche – und er wird fündig. „Dort traf er allerdings nicht auf einen alten Fluch, sondern auf archäologische Siedlungsschichten", schildert Stephan Zellner, der vom Leben des Archäologen fasziniert ist, das Ergebnis.

Sein Interesse an der Fundstelle ist so groß und die Umstände seiner politischen Karriere sind so schwierig, dass Max von Oppenheim 1910 der Diplomatie den Rücken kehrt und sich fortan der Archäologie widmet. Ein Jahr später beginnen die Grabungsarbeiten am „Tell", dem riesigen Siedlungshügel im heutigen Syrien nahe der Grenze zur nördlich gelegenen Türkei. Zwei Jahre dauert seine erste Kampagne, bei der zeitweise bis zu 550 Arbeiter beschäftigt sind. Mit Erfolg! Sie entdecken Schichten aus dem frühen 1. Jahrtausend v. Chr. Es sind Hinterlassenschaften der einstigen Stadt Gozan, der Hauptstadt des aramäischen Staates Bit-Bahiani. Neben Teilen der Stadt finden sie den Tempelpalast sowie den Wohnpalast des in diesem Gebiet herrschenden Fürsten Kapara. Dort befinden sich monumentale Bildwerke: Neben Tierkolossen und Sphinxen stoßen sie auf riesige Götterstatuen – darunter die Skulptur einer „thronenden Göttin". In blockartiger Gestalt sitzt sie auf einem Thron, in der rechten Hand hält sie einen Kelch, den Saum ihres Gewandes ziert ein Ornamentband. „Es war das Vorbild für den Grabstein Oppenheims auf dem Landshuter Hauptfriedhof", erklärt der Friedhofsverwalter.

Der Grabstein auf dem Hauptfriedhof wurde in Anlehnung an eine Skulptur gestaltet, die Max von Oppenheim selbst ausgegraben hatte.

Nachdem er die Grabungen während des Ersten Weltkriegs einstellen muss, setzt er seine Arbeit am Tell Halaf 1929 fort. In tieferen Schichten findet er deutlich ältere Funde, darunter mit geometrischen Mustern und Tierfiguren bemalte Keramik – gemalt in einem Stil und mit Motiven, die keiner bisher bekannten Kultur zugeschrieben werden können. Oppenheim benennt sie nach dem Fundort „Halaf-Kultur", deren Bestehen heute auf ca. 6000-5300 v. Chr. datiert wird! „Einen Teil der Funde nahm er mit nach Deutschland, wo er das Tell Halaf-Museum in Berlin gründete", erklärt Stephan Zellner. Doch eine Tragödie folgt der anderen: Seine für 1939 geplante dritte Kampagne am Siedlungshügel kann nicht stattfinden und im Zweiten Weltkrieg wird das von ihm gegründete Museum komplett zerstört. Was bleibt, sind unzählige Fragmente seiner kostbaren Funde. Sie gelten als „unwiederbringlich verloren". Darunter auch „seine Göttin". Die zersplitterten Objekte werden ins Pergamonmuseum gebracht, wo sie in Vergessenheit geraten.

Oppenheim flieht von Berlin nach Dresden, wo er die Zerstörung der Stadt erleben muss, und von dort weiter zum Starnberger See und schließlich auf das Schloss Ast bei Landshut, das im Besitz seiner Verwandten ist. Dort wohnt auch Hans Hubert Dietzsch, der als kommissarischer Oberbürgermeister von Landshut eine Wohnung in der Altstadt 94/95 zugewiesen bekommen hat. Oppenheim, mittlerweile 85 Jahre alt, folgt ihm als Untermieter in die Stadt, die – bis auf den zerstörten Bahnhof – vom Krieg weitestgehend verschont geblieben ist. Am 14. Mai 1946 kommt er in der Stadt an. Dort hält er sich die nächsten sechs Monate auf und ist fleißig: Er verbringt täglich acht Stunden am Schreibtisch und verfasst seine Lebenserinnerungen, arbeitet am dritten Band zu den Ausgrabungen am Tell Halaf und kümmert sich um die von ihm gegründete Stiftung, in die er sein ganzes Privatvermögen eingebracht hatte. Die Landshuterin Maria Lanzinger arbeitet für ihn als Vorleserin, weil Oppenheims Sehkraft nachgelassen hat. Die studierte Historikerin ist an seinen Erlebnissen interessiert und profitiert von dem umfangreichen Wissen Oppenheims, den sie als „liebenswürdigen alten Herrn" bezeichnet. In gleicher Weise ist Oppenheim an Landshut und dessen Geschichte interessiert.

Am 15. November 1946 stirbt Max Freiherr von Oppenheim. „Bei seiner Beerdigung ehrten ihn auch die Araber Landshuts, die hier für die Rundfunkabteilung *Orient* arbeiteten", ergänzt der Friedhofsverwalter. Mit seinem Grabstein, der an die Skulptur der Göttin aus dem Tell Halaf erinnert, hat Oppenheim ein Stück Orient nach Landshut gebracht. Stephan Zellner liest die Inschrift vor: „Hier ruht in Gott ein Mann, der die Wissenschaft, den Orient, die Wüste und den von ihm entdeckten und ausgegrabenen Tell Halaf geliebt hat. Dr. Max Freiherr von Oppenheim geboren am 15. Juli 1860 zu Köln, gestorben am 15. November 1946 in Landshut." Freuen würde es ihn sicherlich, dass es einer Forschungsgruppe im Jahr 2001 gelang, die zersplitterten Fragmente der zahlreichen Funde aus seinem Museum wieder zusammenzusetzen – darunter auch seine „thronenden Göttin".

So geht's zum Grabstein:

Das Grab Max von Oppenheims befindet sich im hinteren Teil des Hauptfriedhofs nahe dem Denkmal des Zweiten Weltkriegs in Parzelle 36. Der Grabstein liegt direkt am Rand des kleinen Pfades, der zwischen Parzelle 36 und 33 verläuft.

Oberbürgermeister Alexander Putz schaut aus dem Erker, direkt dahinter schließt sich sein Büro an.

49

Narrenhäusl

Öffentliche Verspottung

Auch wenn es in Filmen und Romanen gern romantisiert wird – das Mittelalter war eine grausame Zeit. Unheilvolle Seuchen wie die Pest, eine geringe Lebenserwartung, erbarmungslose Folter und Strafen. Eine – im Vergleich zur sonstigen Brutalität – harmlose Bestrafung war das Absitzen im „Narrenhäusl". Unterhalb des Rathauserkers hat sich ein Relikt dieses einstigen Anbaus erhalten, dort ist eine verwitterte steinerne Maske zu sehen. „Im Narrenhäusl", erklärt Oberbürgermeister Alexander Putz, der von seinem Büro direkten Zugang zum Erker hat, „mussten Verurteilte ihre Strafe absitzen." Welche Form das Landshuter Narrenhäusl hatte, das sich direkt unterhalb des Erkers befand, ist nicht überliefert. Bekannt ist allerdings, dass im 14. und 15. Jahrhundert in manchen Städten drehbare Lattenverschläge bevorzugt wurden, während im 16. Jahrhundert auch offene Käfige mit eisernem oder hölzernem Gitter zum Einsatz kamen. Sicher ist, dass diese Art der Bestrafung – das öffentliche Zurschaustellen – für leichte Vergehen vorgesehen war, denn ansonsten sah das damalige Rechtssystem weitaus härtere Maßnahmen vor.

Grundsätzlich war das Rechtssystem in eine Hoch- und eine Niedergerichtsbarkeit geteilt, wobei die Schwere des Verbrechens den Ausschlag gab: Auf Delikte wie Totschlag, Vergewaltigung oder schweren Diebstahl stand generell die Todesstrafe und sie fielen somit in die Zuständigkeit der Hochgerichtsbarkeit – daher auch Blutsgerichtsbarkeit genannt. Im 15. Jahrhundert wurde in die Liste der schweren Vergehen auch Brandstiftung, Meineid, schädliche Zauberei, Entführung und vorsätzliches Versetzen von Grenzsteinen aufgenommen. Den Delinquenten drohte der Galgen oder das Schwert, in schweren Fällen die Hinrichtung durch Verbrennen. Auch Verbannung, Galeerenstrafen oder Zwangsarbeit sowie „mildere“ Strafen, beispielsweise für Adelige, fielen in die Hochgerichtsbarkeit – welche Landshut als Stadt bis zum beginnenden 17. Jahrhundert nicht innehatte. Diese lag zunächst beim Landesherrn, also bei den Herzögen. Der Vollzug der Strafen hingegen erfolgte in der Stadt, wo sich auch das herzogliche Hofgericht befand. Seit dem 13. Jahrhundert besaß Landshut die Niedergerichtsbarkeit und konnte seitdem über weniger schwere Verbrechen selbst das Urteil fällen und die Strafe vollziehen.

Direkt unter dem Erker, dort, wo sich einst das Narrenhäusl befand, hängt eine steinerne Maske.

Klassische Strafen für Vergehen, die in die Zuständigkeit der Niedergerichtsbarkeit fielen, waren Geldstrafen oder kurzzeitige Gefängnisaufenthalte, wobei die Gefängnisse im Gegensatz zu den Fronfesten der Hochgerichtsbarkeit oberirdisch lagen. Daneben gab es noch das Narrenhäusl und die Schandsäule – nicht zu verwechseln mit dem Pranger! Der befand sich nämlich am anderen Ende der Altstadt und war dem Hochgericht vorbehalten, denn oft folgte nach der Strafe am Pranger die Verbannung. Anders verhielt es sich mit den „leichten Schandstrafen" an der Schandsäule, die für Vergehen wie Gotteslästerung vorgesehen waren. „Das Einschließen ins Narrenhäusl folgte auf leichte Vergehen wie Trunkenheit", merkt Alexander Putz an. Ein solcher Fall ist für Landshut belegt: Im Jahr 1725 hatte sich ein Mühlknecht von Achdorf so angetrunken, dass er weder gehen noch stehen konnte und auf der Gasse liegen blieb. Nach der Ausnüchterung im Amtshaus musste er für zwei Tage ins Narrenhäusl.

Noch heute verrät die Fassade des Rathauses, dass es ursprünglich aus drei separaten Bürgerhäusern bestand. Der mittlere Teil des Baus ist der älteste, der seit 1380 für die Zwecke des Rats genutzt wurde. Wegen Platzmangel erwarb dieser in der Mitte des 15. Jahrhunderts das nördlich angrenzende Eckhaus sowie wenige Jahrzehnte später das südlich liegende Anwesen. Der Erker, der sich auf der nördlichen Seite befindet, war allerdings nicht von Anfang an Bestandteil des Rathauses, sondern wurde vermutlich um 1571 angebracht. Im Modell des berühmten Drechsler-Meisters Jakob Sandtner (um 1530/40-1585/90) von 1572 ist der Anbau bereits vorhanden, allerdings ein Stockwerk höher und mit Zwiebelhaube. Im 19. Jahrhundert erhielt er dann ein neugotisches „Krönchen", das bei der Sanierung 1966 wieder entfernt wurde. Oberbürgermeister Alexander Putz erinnert sich an seinen Amtsantritt 2017 und seine Begeisterung über den an sein Büro anschließenden Erker. „Der ist allerdings wie ein ICE", scherzt er, „im Winter viel zu kalt und im Sommer viel zu heiß!"

So geht's zum Narrenhäusl:

Der Erker befindet sich am Rathaus an der Ecke zur Grasgasse. Direkt darunter befand sich das Narrenhäusl, dort, wo heute noch eine steinerne Maske hängt.

50

Rochuskapelle

Friedhof der Armen und Ausgestoßenen

„Die Rochuskapelle stammt aus dem 15. Jahrhundert", erklärt Isabella Denk von der Denkmalschutzbehörde, „und war im Rochusblatternhaus, das sich dort bis 1808 befand, integriert." Das Geheimnis, fährt sie fort, sei allerdings nicht die dem heiligen Rochus geweihte Kapelle, sondern das, was sich westlich davor im Erdreich verberge: der so genannte Pestfriedhof. Dort sollen, so die Überlieferung, die Opfer der Seuche bestattet worden sein, die in der neben der Kapelle liegenden Einrichtung gepflegt worden waren. Entsprechend groß war die Aufregung, als beschlossen wurde, dort eine Turnhalle für die Ursulinen-Realschule zu bauen. Was würde auf den Schwemmschichten der nahe gelegenen Isar gefunden werden?

Um einen ersten Blick auf das im Erdreich verborgene Material zu werfen, wurden auf dem Areal vor Beginn der Ausgrabung im Jahr 2011 Sondagen, also archäologische Probeschnitte angelegt. Dabei zeigten sich – wie vermutet – eindeutige Hinweise auf ein Gräberfeld. „Es fanden sich umgerechnet ein bis anderthalb Individuen pro Quadratmeter", erklärt Dr. Isabella Denk. Die Überreste von insgesamt 152 Verstorbenen seien im Verlauf der Grabung geborgen worden, teilweise komplett erhalten. „Die Toten repräsentieren den Querschnitt der gesamten Bevölkerung: Männer, Frauen und Kinder verschiedenen Alters. Alle waren auf dem Rücken, mit den Armen über der Brust liegend, bestatten worden. Manche in Särgen, andere in Tücher gewickelt", fährt die Archäologin fort. Außerdem seien den Bestatteten Beigaben mitgegeben worden. „Viele hatten Rosenkränze bei sich, die sie – wie zu der Zeit üblich – auf Beckenhöhe, also am Gürtel trugen." Neben Keramiktöpfen fanden die Grabungsarbeiter auch Bronzeschmuck wie Gewandschließen, Anhänger und Medaillons.

Die vielen Toten also alle Opfer der unheilvollen Seuche, der Pest? „Erste anthropologische Untersuchungen zeigten, dass die Menschen

Neben der Rochuskapelle lag der als „Pestfriedhof" bezeichnete Gottesacker.

größtenteils an den Folgen einer Krankheit starben", erklärt die Stadtarchäologin, „in keinem Fall war allerdings die Pest dafür verantwortlich. Zu dieser Zeit grassierte die Seuche auch gar nicht in Landshut." Als die Krankheit Mitte der 1490er-Jahre in der Stadt wütete (siehe Geheimnis Chorbogenkreuz), existierten Kapelle und Friedhof noch nicht. Das Spital zur Krankenbehandlung für Arme und Ausgestoßene wurde 1497 errichtet, gestiftet vom Handelsmann Walther vom Feld, der 1491 starb. Er vermachte der Stadt sein gesamtes Erbe für den Bau des Blatternhauses. Da die zugehörige Kapelle dem Pestheiligen Rochus von Montpellier (zwischen 1295 und 1379) geweiht wurde, erhielt der Gottesacker den Beinamen „Pestfriedhof". Dabei war der Heilige auch Patron von Siechen- und Blatternhäusern. Der Begriff „Blattern" bezieht sich auf ein heute veraltetes Wort für Pocken oder Syphilis, was wiederum zu den wissenschaftlichen Untersuchungen der Bestatteten passt: Denn die allermeisten Toten erlagen der Syphilis.

Isabella Denklehnt sich an den Eingang zur Rochuskapelle des ehemaligen Spitals.

Der „Pestfriedhof" stand also in keinerlei Zusammenhang mit der gleichnamigen Seuche. Doch die Geschichte um den Gottesacker endete an dieser Stelle noch nicht. Im Jahr 2016, lange nach den Grabungsarbeiten, erhielt Isabella Denk einen Anruf von der Kriminalpolizei: Eine Leiche sei gefunden worden, ob die Archäologin sich das anschauen könne. „Westlich der Turnhalle stießen Bauarbeiter auf einen Schädel", schildert sie den Vorfall. „Doch schon nach kurzer Zeit war klar, dass es sich um mehrere menschliche Individuen handelt." Gemeinsam mit ihrem Kollegen Gerhard Tausche vom Stadtarchiv begutachtete sie den Fund – beide waren sprachlos. Was im Rahmen der Ausgrabungen zum Vorschein kam, war ein barockzeitliches Massengrab, das zudem auch noch außerhalb der Friedhofsmauer lag. 29 Individuen aller Altersklassen seien in einer kleinen Grube dicht zusammengeworfen worden. „Es war bis dato der spannendste Befund in meiner Tätigkeit als Stadtarchäologin", sagt Isabella Denk. Das Aussehen der beigelegten Rosenkränze an den Skeletten lieferte Hinweise auf die barockzeitliche Datierung. Gemeinsam schlussfolgerten sie und ihr Kollege Gerhard Tausche, dass es sich um Opfer der roten Ruhr gehandelt haben könnte: eine bakterielle Krankheit, gekennzeichnet durch akuten, blutigen Durchfall, begleitet von Koliken und Fieber. Hochansteckend und tödlich.

„Es war bis dato der spannendste Fund in meiner Tätigkeit als Stadtarchäologin."

Doch intensive Untersuchungen würden noch ausstehen, bedauert die Archäologin. „Wir wissen nicht, wieso sie außerhalb bestattet wurden", erklärt sie weiter, „denn im 17. Jahrhundert war der Friedhof eigentlich noch in Nutzung." Der Katasterplan von 1810 bestätigt allerdings, dass sich das Massengrab tatsächlich außerhalb des Friedhofs befand. „Vielleicht war das Begräbnisfeld überbelegt", überlegt Isabella Denk. Ein Fund, der Rätsel aufgibt – bis heute. Klar ist allerdings, dass weder das Massengrab noch der Spitalfriedhof, der vom Ende des 15. Jahrhunderts bis etwa Anfang des 19. Jahrhunderts genutzt wurde, etwas mit der Pest zu tun haben.

So geht's zur Rochuskapelle:

Die Kapelle steht zwischen dem Orbankai und der Turnhalle der Ursulinen-Realschule in der Bauhofstraße 3d.

Quellen, Literatur, Bildnachweis

Abtei Seligenthal: Website der Zisterzienserinnen-Abtei Seligenthal. URL: https://abtei.seligenthal.de/. Abgerufen am 09.06.2022.

Arranz-Otaegui, Amaia et al.: „Archaeobotanical evidence reveals the origins of bread 14,400 years ago in northeastern Jordan". In: Proceedings of the National Academy of Sciences, vol. 115 no. 31 (2018), S. 7925-7930.

Auer, Hans: Der Städtische Verkehrsbetrieb im Wandel der Zeit: 1902-1993. Landshut 1993, S. 4, 12, 14, 16, 17, 22-24.

Averesch, Dirk: „Die unterschätzte Luftnummer". In: Stern vom 15.05.2005. URL: https://www.stern.de/digital/technik/rohrpost-die-unterschaetzte-luftnummer-3296610.html. Abgerufen am 10.06.2022.

Bast, Eva-Maria; Thissen, Heike: Bayreuther Geheimnisse. Überlingen 2018, S. 73-76.

Dies.: Bamberger Geheimnisse. Überlingen 2015, S. 74-77.

Dies.: Hamburger Geheimnisse. Überlingen 2014, S. 11-13.

Bauer, Christoph; Weinmayr, Stefanie; Strieder, Markus F.: Markus Friedemann Strieder – Gravité. Singen 2009, S. 5-7, 10.

Baumgartner, Mathias: Landshut, das Rathaus. Regensburg 2011, S. 3-8.

Bayerische Akademie der Wissenschaften (Hrsg.): Die Inschriften der Stadt Landshut. Gesammelt und bearbeitet von Ramona Baltolu, Mirjam Goeth, Tanja Kohwagner-Nikolai und Christine Steininger. Die deutschen Inschriften 109, Katalognummer 35, 219 und 296. Im Druck.

Bayerisches Landesamt für Denkmalpflege, Regierungsbezirk Niederbayern, Kreisfreie Stadt Landshut: Baudenkmäler. D-2-61-000-37, S. 42, Stand 21.05.2022. URL: https://geodaten.bayern.de/denkmal_static_data/externe_denkmalliste/pdf/denkmalliste_merge_261000.pdf. Abgerufen am 22.05.2022.

Beyer, Roswitha: „Eselstreppe". In: Reallexikon zur Deutschen Kunstgeschichte. URL: https://www.rdklabor.de/wiki/Eselstreppe. Abgerufen am 05.06.2022.

Bistum Augsburg: „Franz Xaver". URL: https://bistum-augsburg.de/Heilige-des-Tages/Heilige/FRANZ-XAVER. Abgerufen am 17.06.2022.

Bistum Passau: Die Orgeln im Dom St. Stephan. URL: https://www.bistum-passau.de/dom-kultur/dom-st-stephan-passau/die-orgel-im-dom-st-stephan. Abgerufen am 05.06.2022.

Bleibrunner, Hans: Landshut – die altbayerische Residenzstadt. Landshut 1985, S. 64, 69, 106f, 107f, 115-118, 166, 168f.

Bräunlein, Peter J.: „Von Mohren-Apotheken und Mohrenkopf-Wappen". In: Zeitschrift für Kulturaustausch 1991, Nr. 2, S. 224-229.

Breuer, Rayna: „Warum sich in manchen Kirchen Hitler-Abbildungen befinden". Deutsche Welle vom 22.01.2022. URL: https://p.dw.com/p/45mJ2. Abgerufen am 16.06.2022.

BR Fernsehen: „Vom Klosterleben". Nachtlinie, Sendung vom 12.05.2020. URL: https://www.ardmediathek.de/video/nachtlinie/vom-klosterleben/br-fernsehen/Y3JpZDovL2JyLmRlL3ZpZGVvL2FjNjJkMTA2LTQ0NzQtNDQ1Zi1iNTA3LTlkNTVlMWY5ZTc1NA. Abgerufen am 09.06.2022.

Cholidis, Nadja; Martin, Lutz: „Die geretteten Götter aus dem Palast vom Tell Halaf – Ein temporäres Tell Halaf-Museum". In: Museumsjournal 1/2011, S. 20-23.

Cholidis, Nadja; Martin, Lutz; Boehme, Jutta: Die geretteten Götter aus dem Palast vom Tell Halaf: Kurzführer. Regensburg 2011, S. 7-12, 37, 43, 60, 65.

Denk, Isabella; Koch, Hubert; Neupert, Sikko: „Ein neuzeitliches Massengrab in Landshut". In: Das archäologische Jahr in Bayern 2016. St. Ottilien 2017, S. 164-166.

Deutscher Brauer-Bund: „Unser Reinheitsgebot - weltbekannt und in aller Munde". URL: https://brauer-bund.de/reinheitsgebot/fragen-und-antworten/. Abgerufen am 18.07.2022.

Deutsches Brotinstitut: „Historische Informationen". URL: https://www.brotinstitut.de/brotkultur/historische-informationen/. Abgerufen am 10.06.2022.

Dickinger, Christian: Die schwarzen Schafe der Wittelsbacher. Zwischen Thronsaal und Irrenhaus. München 2003, S. 26-31.

Diehl, Wolfgang: „Gotik, ca. 1235-1520". In: Treppenforschung. Gesellschaft für Treppenforschung Scalalogie e.V. URL: http://treppenforschung.de/stile_1/gotik/. Abgerufen am 05.06.2022.

Dörfler, Dieter: Auf den Spuren einer mittelalterlichen Stadt. Straubing 2007, S. 69-75.

Ders.: Schatzkästlein der Landshuter Sagen. Straubing 2003, S. 37-39, 40-42, 68-72.

Ebermeier, Werner: Studentenleben vor 200 Jahren: Die Landshuter Jahre der Ludwig-Maximilians-Universität 1800 bis 1826. München 2007, S. 36f, 43-49, 55, 97, 101f.

Ders.: Landshut im Dreißigjährigen Krieg. Landshut 2001, S. 11, 15, 32, 47f, 86, 88f, 91-93, 104f, 106, 108f, 110, 134, 143-145, 150f, 154, 161, 163.

Eder, Thomas: Die Entwicklung des Stadtrechts in den altbayerischen Städten im Mittelalter, dargestellt an den Beispielen der Städte Landshut, Dingolfing und Landau an der Isar. Marburg 2001, S. 7, 7-10, 69f.

Egner, Heinrich: „Der Stadtteil unterm Burgberg". In: Königseder, Joseph (Hrsg.): 20 Jahre Bauzunfthaus. Der Dreifaltigkeitsplatz, Quartier 15. Historische Bauwerke in Landshut, Band 5. Landshut 2004, S. 13-36.

Eldem, Edhem: „Capitulations and Western trade. Western trade in the Ottoman Empire: questions, issues and sources". In: Faroqhi, Suraiya (Hrsg.): The Cambridge History of Turkey, Volume 3. Cambridge 2008, S. 283-335.

Emslander, Hans: „Das Werden des Landshuter Hauptfriedhofes". Friedhofschronik Hauptfriedhof. Landshut o.J., S. 46-57.

Freunde der Altstadt Landshut e.V. (Hrsg.): Högner – Landshut. Das Historische Gewissen der Stadt und der „Landshuter Hochzeit 1475". Kalender 2022.

Frohne, Bianca: „Narren, Tiere und ‚grewliche Figuren': Zur Inszenierung komischer Körperlichkeit im Kontext von Bloßstellung, Spott und Schande vom 13. bis zum 16. Jahrhundert". In: Auffarth, Christoph; Kerth, Sonja (Hrsg.): Glaubensstreit und Gelächter: Reformation und Lachkultur im Mittelalter und in der Frühen Neuzeit. Berlin 2008, S. 19-54.

Grimm, Jacob und Wilhelm: Deutsches Wörterbuch. Digitalisierte Fassung im Wörterbuchnetz des Trier Center for Digital Humanities, Version 01/21, Bd. 12, Sp. 2473: „Mohr, m.". URL: https://www.woerterbuchnetz.de/DWB?lemid=M06586. Abgerufen am 26.05.2022.

Haller, Hanns: Das Turmkränzlein. Die Sagen der Stadt Landshut. Landshut 1948, Nachdruck, S. 3f, 4f, 6f, 8, 12f, 13, 18f.

Hammer, Hans: „Der erfolgreichste Missionar der Neuzeit". In: Donaukurier vom 02.12.2019. URL: https://www.donaukurier.de/archiv/der-erfolgreichste-missionar-der-neuzeit-2263470. Abgerufen am 17.06.2022.

Häußler, Theodor: Weinbau in Altbayern. Der Baierwein einst und heute. Norderstedt 2008, S. 15, 56f, 200, 245-247, 249-254, 326f, 336, 346-348.

Heiss, Max: Max Lacher. Gemälde, Zeichnungen, Hinterglasmalereien. München 1965.

Herzog, Theo: Landshuter Häuserchronik, Band 2: Für den Stadtteil links der Isar. Neustadt an der Aisch 1971, S. 83f.

Ders.: Landshut im 19. Jahrhundert. Landshut 1969, S. 273, 282-285, 301f.

Ders.: Landshuter Häuserchronik. Neustadt an der Aisch 1957, S. 16f, 16-27, 23, 37, 38, 42f, 59, 91, 99, 104f, 130f, 131f, 174, 192, 303, 306.

Heydenreuter, Reinhard: Kriminalgeschichte Bayerns. Regensburg 2008, S. 27, 29, 31, 39-44, 224, 228, 235f., 248-253, 256-258, 266.

Hiereth, Sebastian: Die Hochzeit zu Landshut 1475. 2. Auflage, S. 18f, 25, 26, 30-37, 43f.

Höfler, Edmund: Der Feldzug vom Jahre 1809 in Deutschland und Tyrol. Augsburg 1858, S. 23-28, 96-99.

Hotel Maximilians: Historie. Eine eindrucksvolle Geschichte über Jahrhunderte. URL: https://www.

hotelmaximilians.com/historie. Abgerufen am 31.05.2022.

Huber, Gerald: Die Reichen Herzöge von Bayern-Landshut. Bayerns goldenes Jahrhundert. Regensburg 2017, S. 17, 25, 27, 25-29, 29-32, 32, 54, 59f, 72-91, 88-91, 117.

Ders.: „Bernhard Kellhammer und der Wiederaufbau Bayerns - 1000 Jahre bayerische Geschichte". In: BR Podcast: Obacht Bayern mit Gerald Huber, Staffel 2 Episode 9, Ausstrahlung am 02.08.2019. URL: https://www.br.de/mediathek/podcast/mythos-bayern/bernhard-kellhammer-und-der-wiederaufbau-bayerns-1000-jahre-bayerische-geschichte/1680728. Abgerufen am 03.06.2022.

Israel, Uwe: „Fondaco dei Tedeschi". In: Historisches Lexikon Bayerns. URL: https://www.historisches-lexikon-bayerns.de/Lexikon/Fondaco_dei_Tedeschi. Abgerufen am 17.06.2022.

Karsten, Arne: Kleine Geschichte Venedigs. München 2008, S. 19f, 64-70.

Kaupe, Stephan: Berg ob Landshut. Die Kirchen der Pfarrei Heilig Blut. Passau 2015, S. 3, 7.

Kirmeier, Josef: Die Juden und andere Randgruppen. Zur Frage der Randständigkeit im mittelalterlichen Landshut. Landshut 1988, S. 12, 22, 38, 44-48, 67f, 86, 94, 114f, 116, 128f, 141, 183-191.

Knapp, Ulrich: „Küchen im Kloster. Orte der Speisenzubereitung in Klöstern unter besonderer Berücksichtigung südwestdeutscher Beispiele". In: Klein, Ulrich; Jansen, Michaela; Untermann, Matthias (Hrsg.): Küche – Kochen – Ernährung. Mitteilungen der DGAMN, Band 19. Paderborn 2007, S. 95-106.

Kogel, Kristina: Landshut an einem Tag. Leipzig 2018, S. 21f.

Kuhlmann, Anne: Ambiguous Duty. Black Servants at German Ancien Régime Courts. In: Honeck, Mischa; Klimke, Martin; Kuhlmann, Anne (Hrsg.): Germany and the Black diaspora: points of contact, 1250-1914. New York 2013, S. 57-73.

Kunst in Niederbayern.de: Markus F. Strieder: Ligne Syam. Bezirk Niederbayern - Referat Kultur u. Heimatpflege. URL: https://www.kunst-niederbayern.de/markus-f-strieder-ligne-syam-landshut-kolpingstrasse.html. Abgerufen am 19.05.2022.

Landshuter Zeitung: Woher stammt das Wappen der Stadt Landshut? Landshuter Zeitung vom 21.03.1962.

Langer, Brigitte: Burg Trausnitz Landshut: amtlicher Führer. München 2013, S. 28-39, 36-46, 71f.

Langer, Brigitte; Heinemann, Katharina: „Ewig blühe Bayerns Land": Herzog Ludwig X. und die Renaissance. Begleitbuch zur Ausstellung in der Stadtresidenz Landshut, 28. Mai bis 27. September 2009. Regensburg 2009, S. 83-89, 275, 359.

Liedke, Volker: Stadt Landshut. Denkmäler in Bayern, Band II.24. München 1988, S. 31-34.

Lindner, Maria: „Dr. Max Freiherr von Oppenheim". In: Verhandlungen des Historischen Vereins für Niederbayern 122/123, 1996/1997, S. 175-183.

Löw, Sandra: „Nach 800 Jahren: Wein kehrt an Hofberg zurück". In: Landshuter Zeitung vom 07.05.2016.

Lowe, Kate: „The Black Diaspora in Europe in the Fifteenth and Sixteenth Centuries, with Special Reference to German-Speaking Areas". In: Honeck, Mischa; Klimke, Martin; Kuhlmann, Anne (Hrsg.): Germany and the Black diaspora: points of contact, 1250-1914. New York 2013, S. 38-56.

Martin, Kilian: „Die sieben letzten Worte Jesu". Artikel vom 30.03.2018. In: katholisch.de. URL: https://www.katholisch.de/artikel/17016-die-sieben-letzten-worte-jesu. Abgerufen am 30.05.2022.

Meyers Konversationslexikon, Band 15. Leipzig und Wien 1894-1896, S. 31.

Michal, Barbara: Museumsführer Kreismuseum Bogenberg. Bogen 2009, S. 28f, 37.

Munby, Julian: „From Carriage to Coach: What Happened?" In: Bork, Robert; Kann, Andrea (Hrsg.): The Art, Science, and Technology of Medieval Travel. AVISTA Studies in the History of Medieval Technology, Science and Art. Volume 6. Aldershot 2008, S. 41-53.

Neueder, Hans: „Stammen die bayerischen Rauten aus Böhmen?" In: Neueder, Hans (Hrsg.): Bogener Bildergeschichten, Bd. 5. Bogen 2021, S. 132-134.

Neumaier, Rita: „Älter, als man lange glaubte". In: Landshuter Zeitung vom 09.02.2002.

Niehoff, Franz: „Hans von Burghausen". In: Niehoff, Franz (Hrsg.): Die Stadt als Bühne der Bilder: Skulpturenstadt Landshut. [Publikation zur Ausstellung der Museen der Stadt Landshut in der Spitalkirche Heiliggeist vom 15. Juni bis zum 14. Oktober 2012]. Landshut 2012, S. 67-69.

Ders.: „Hochaltar in St. Martin (1424): Kontexte". In: Niehoff, Franz (Hrsg.) a.a.O., S. 81-84.

Ders.: „Vollendung einer Jahrhundertbühne". In: Niehoff, Franz (Hrsg.) a.a.O., S. 117-125, 228-230.

Petri, Kerstin: „Tiny House aus dem Mittelalter". In: Landshuter Zeitung vom 17.01.2020.

Pollinger, Johann: Aus Landshut und Umgebung. Ein Beitrag zur Heimat- und Volkskunde. Berlin 2020, S. 97.

Räuber, Laura; Scherbaum, Lisa: „Lieblingsstück: Mirjam Goeth über die Grabplatte von Peter von Altenhaus". Podcastfolge der Bayerischen Akademie der Wissenschaften vom 12.06.2019. URL: https://badw.de/die-akademie/presse/podcast/podcast-details/detail/lieblingsstueck-mirjam-goeth-ueber-die-grabplatte-von-peter-von-altenhaus.html. Abgerufen am 15.07.2022.

RegioWiki.de: „Franz von Paula Schrank". URL: https://www.niederbayern-wiki.de/wiki/Franz_von_Paula_Schrank. Abgerufen am 05.06.2022.

Rössler, Alfred: „Dominikanerkirche St. Blasius". URL: https://www.jodok-landshut.de/kirchen/dominikanerkirche-st-blasius/. Abgerufen am 10.06.2022.

Schäfer, Joachim: „Franz Xaver". In: Ökumenisches Heiligenlexikon. URL: https://www.heiligenlexikon.de//BiographienF/Franz_Xaver.htm. Abgerufen am 17.06.2022.

Scherbaum, Jochen: Grabungsbericht M-2009-509-2_0, Landshut, Turnhalle Ursulinenrealschule. 2013.

Schmid, Magnus: „Bertele, August". In: Neue Deutsche Biographie 2 (1955), S. 149. URL: https://www.deutsche-biographie.de/pnd121358321.html#ndbcontent. Abgerufen am 05.06.2022.

Spitzlberger, Georg: 500 Jahre Burgfriedenssäulen – Geschichte erleben. Broschüre, herausgegeben vom Amt für Marketing & Tourismus. Landshut 2019.

Ders.: Das Herzogtum Bayern-Landshut und seine Residenzstadt 1392-1503. Landshut 1993, S. 59-61, 68f.

Ders.: „Die Juden im mittelalterlichen Landshut: jüdisches Leben in Altbayern". In: Verhandlungen des Historischen Vereins für Niederbayern, Sonderdruck aus Band 110/11, 1984/85. Landshut 1988, S. 167-237.

Ders.: „Die Wittelsbacher Fürstenfiguren in der Afrakapelle zu Seligenthal". In: Hirmer et al. (Hrsg.): Wittelsbach und Bayern / 1,1. Die Zeit der frühen Herzöge: von Otto I. zu Ludwig dem Bayern. Beiträge zur bayerischen Geschichte und Kunst 1180-1350. München 1980, S. 453-462.

Stadtarchiv Landshut: Bd. 37, fol. 8 (Amtsbuch des Jahres 1725).

Stadtkirche Landshut: Musik erleben – Orgeln. URL: https://martin-landshut.de/musik-erleben/orgeln/. Abgerufen am 05.06.2022.

Stadtkirche Landshut: Virtuelle Turmbesichtigung. URL: https://martin-landshut.de/st-martin-besuchen/turm/. Abgerufen am 12.06.2022.

Stahleder, Erich: „Drei Helme im Wappen". In: Stadt Landshut (Hrsg.): Weitberühmt und vornehm… Landshut 1204-2004. Beiträge zu 800 Jahren Stadtgeschichte. Landshut 2004, S. 76-78.

Stangier, Thomas: „Geheimnis eines Freskos". In: Landshuter Zeitung vom 14.10.2021.

Stierhof, Horst H.; Beckenbauer, Alfons: Stadtresidenz Landshut. Amtlicher Führer. München 1996, S. 3, 6-10, 24.

Stolberg-Wernigerode, Otto zu: „Ilsung, Georg". In: Historische Kommission bei der Bayerischen Akademie der Wissenschaften (Hrsg.): Neue deutsche Biographie, Bd. 10. Berlin 1974, S. 142f.

Striedinger, Ivo: Der Goldmacher Marco Bragadino. München 1928, S. 18, 20, 23-25, 37f, 71, 84f, 89-93, 99, 107-110, 127f.

Tausche, Gerhard: „Dort, wo die Juden wohnten". In: Haus der Bayerischen Geschichte (Hrsg.): Edition Bayern. Landshut. Regensburg 2016, S. 28f.

Ders.: „Das Landshuter Stadtwappen". In: Landshuter Zeitung vom 30.05.2013.

Ders.: „Ungebrochen – Die letzten Monate in Landshut". In: Cholidis, Nadja; Martin, Lutz (Hrsg.): Die geretteten Götter aus dem Palast vom Tell Halaf. Begleitbuch zur Sonderausstellung des Vorderasiatischen Museums „Die geretteten Götter aus dem Palast vom Tell Halaf" vom 28.01.-14.08.2011 im Pergamonmuseum. Regensburg 2011, S. 53-58.

Tausche, Gerhard; Ebermeier, Werner: Geschichte Landshuts. München 2003, S. 16f, 18, 20, 35f, 40f, 42, 43, 46f, 52, 61f, 62, 133f, 135-137, 137f, 139.

Thoma, Christoph: Königstöcher sind immer schön. Straubing 2016, S. 69-77.

Ders.: Ritter mit Tennisarm… und andere Geschichten von der weltberühmten Landshuter Hochzeit 1475. Straubing 2005, S. 28-30.

Van Uytven, Raymond: „Der Geschmack am Wein im Mittelalter". In: Matheus, Michael: Weinproduktion und Weinkonsum im Mittelalter. Geschichtliche Landeskunde, Band 51. Stuttgart 2004, S. 119-132.

Volkert, Wilhelm: „Die Wappenabzeichen des Landes Bayern". Zeitschrift für Bayerische Landesgeschichte 44, 1981. München 1981, S. 675-692.

Ders.: „Die Bilder in den Wappen der Wittelsbacher". In: Hirmer et al. (Hrsg.): Wittelsbach und Bayern / 1,1. Die Zeit der frühen Herzöge: von Otto I. zu Ludwig dem Bayern. Beiträge zur bayerischen Geschichte und Kunst 1180-1350. München 1980, S. 13-27.

Wasserwirtschaftsamt Landshut: „Flutmulde Landshut". URL: https://www.wwa-la.bayern.de/hochwasser/hochwasserschutzprojekte/flutmulde/index.htm. Abgerufen am 12.06.2022.

Ebd.: „Hochwasser in Landshut". URL: https://www.wwa-la.bayern.de/hochwasser/hochwasserereignisse/landshut/index.htm. Abgerufen am 12.06.2022.

Wikipedia: „Antonius der Große". URL: https://de.wikipedia.org/wiki/Antonius_der_Gro%C3%9Fe. Abgerufen am 15.07.2022.

Ebd.: „Orgel". URL: https://de.wikipedia.org/wiki/Orgel. Abgerufen am 05.06.2022.

Ebd.: „Rohrpost". URL: https://de.wikipedia.org/wiki/Rohrpost. Abgerufen am 10.06.2022.

Winder, Lukas: Die Kreditgeber Ferdinands I., Maximilians II. und Rudolfs II. Diplomarbeit Universität Wien 2013, S. 38-40.

Zeitler, Thomas: Leben und Martyrium des hl. Kastulus. Postkarte mit Informationen, ausgelegt in der Stiftsbasilika St. Martin zu Landshut. Passau 2015.

Bildnachweis

S. 125 Verein „Die Förderer" e.V., Landshut
S. 148 EOM, HA Kunst, Foto Achim Bunz
S. 166 Monsignore Dr. Baur

SIE WOLLEN NOCH MEHR ÜBER

Landshut

WISSEN?

Hier gibt es sachkundige Informationen:

Freunde der Altstadt Landshut e.V.
Der Verein will Wächter sein für die bauliche Substanz der alten Stadt. Er will mahnen, anregen und die Bürger aufklären, wenn Hand an die Schönheit, Einmaligkeit der Stadt gelegt wird. Es geht nicht nur um Fassaden, sondern um das Gesamte, das über Jahrhunderte Gewachsene, das die Geschichte der Stadt erzählt. Daher setzt sich der Verein für Erhalt und die Sanierung ein, wie die des denkmalgeschützten Holzblockhauses in der Pfettrachgasse 7. Unter dem Hausnamen „Gastgeb" laden dort die Freunde der Altstadt Landshut e.V. als Veranstalter kreative Hausgäste ein, um auf den uralten Ort einzugehen und ihn mit bildender und darstellender Kunst in vielen möglichen Ausdrucksformen zu bespielen.
Für mehr Informationen über die Arbeit des Vereins:
1.Vors.: Dipl.-Ing. Architekt Josef Wiesmüller
E-Mail: info@freunde-der-altstadt-landshut.de
Homepage: www.zurgastgeb.de
Facebook: Freunde der Altstadt Landshut e.V.

Rosemarie und Günther Fries
Besichtigung der alten Backstube mit dem historischen Brustfeuerungsofen.
Alte Bergstraße 173
84028 Landshut
Telefon: 0871 / 26764
E-Mail: fries-guenther@gmx.de

„Landshuter Hochzeit 1475"
Aufführungen finden in der Regel alle vier Jahre statt. Weitere Informationen auf der Homepage.
Verein „Die Förderer" e. V.
Spiegelgasse 208
84028 Landshut
Homepage: www.landshuter-hochzeit.de

Schatzkammer St. Martin
Ein verstecktes Kleinod ist die Schatzkammer St. Martin. Sie birgt kostbare alte Textilien und goldene liturgische Gefäße. Im Sommer wird sie einmal pro Monat nach dem Sonntagsgottesdienst geöffnet. Sonderführungen sind möglich.
Martinsfriedhof 225
84028 Landshut
Telefon: 0871 / 923040
E-Mail: stadtkirche-landshut@ebmuc.de
Homepage:
www.stadtkirche-landshut.de

Petra Seifert
Jüdisches Leben in Landshut: Kulturhistorische Stadtführung durch die wechselvolle Geschichte der Juden in Landshut, von den Anfängen bis zur Shoa.
Die Zeit der Romantik und Biedermeier in Landshut: Kulturhistorische Stadtführung über das universitäre und bürgerliche Leben in Landshut von 1800 bis 1858.
Magnolienring 16
84032 Altdorf
Telefon: 0871 / 66064024
E-Mail: p.seifert@link-m.de

Spektakel Landshut
Internationales Straßen & Kunstfestival in der Innenstadt Landshut. Immer in Bayerns erster Schulwoche nach den Sommerferien - im September von Donnerstag bis Sonntag.
Martin Hilz
E-Mail: stadtspektakel@gmail.com
Homepage: www.spektakel.la

Stadtresidenz Landshut
Die Stadtresidenz Landshut ist der ab 1536 errichtete Stadtpalast Herzog Ludwigs X. im Stil der italienischen Renaissance.
Altstadt 79
84028 Landshut
Telefon: 0871 / 92411-0
E-Mail:
burgverwaltung.landshut@bsv.bayern.de
Homepage: www.schloesser.bayern.de

Tourist Information
Landshut-Kennenlern-Tour: Auf der längsten gotischen Terrasse der Welt entdecken Sie die bewegte Geschichte der Stadt Landshut und erleben einen Spaziergang der besonderen Art.
Altstadt 315
84028 Landshut
Telefon: 0871 / 92205-12
E-Mail: stadtfuehrungen@landshut.de
Homepage:
www.landshut-tourismus.bayern
April bis Oktober
Mo.-Fr.: 9-18 Uhr
Sa.: 10-15:30 Uhr
November bis März
Mo.-Fr.: 9-17 Uhr
Sa.: 10-14 Uhr

Publikationen:

Ecker, Thomas: Lehmis Abenteuer. Mit Illustrationen von Bernhard Kühlewein. München 2020.

Ecker, Thomas: Nur nicht Abenteuer 2. Mit Illustrationen von Bernhard Kühlwein. Im Druck.

Freunde der Altstadt Landshut e.V. (Hrsg.): Högner – Landshut. Das Historische Gewissen der Stadt und der „Landshuter Hochzeit 1475". Kalender 2022.

Huber, Gerald: Konradin der letzte Staufer. Spiele der Macht. Regensburg 2018.

Huber, Gerald: 12000 Jahre Weihnachten. Ursprünge eines Fests. München 2018.

Knesch, Günther: St. Martin zu Landshut. Bauwerk und Architektur. Regensburg 2009.

Langer, Brigitte; Heinemann, Katharina (Hrsg.): Ewig blühe Bayerns Land. Herzog Ludwig X. und die Renaissance. Regensburg 2009.

Thoma, Christoph: Fernweh-Heimweh. Erlebnisse eines niederbayerischen Nestflüchters. Straubing 2022.

Haftungsausschluss

Trotz intensiven Austauschs mit unseren Gesprächspartnern, gewissenhafter Literaturrecherche und aufmerksamem Korrekturlesen erheben wir weder einen Anspruch auf Vollständigkeit noch auf Fehlerlosigkeit. Wir haben streng darauf geachtet, keine Urheberrechte zu verletzen, unsere Recherchen sind nach bestem Wissen und Gewissen erfolgt. Dennoch übernehmen wir keinerlei Gewähr für die Aktualität, Korrektheit oder Vollständigkeit der bereitgestellten Informationen. Haftungsansprüche gegen uns schließen wir grundsätzlich aus.

WEITERE

Geheimnisse der Heimat

aus der Umgebung:

DIE

Geheimnisse der Heimat

GIBT ES JETZT NEU IN …

Straubing
Kempten
Berlin 2
Heilbronn

Seit 2011 haben wir über 80 „Geheimnisse"-Titel produziert.
Alle Städte finden Sie unter www.bast-medien.de

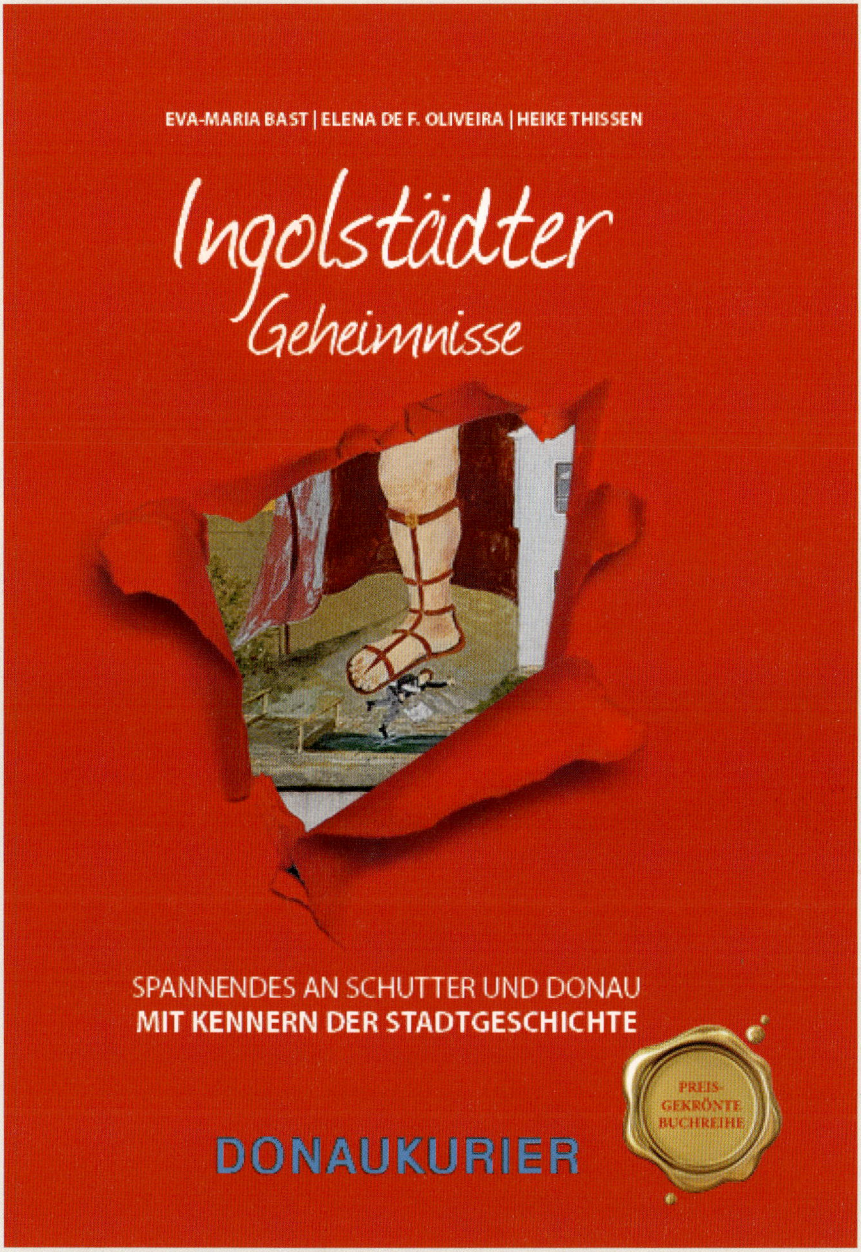
EVA-MARIA BAST | ELENA DE F. OLIVEIRA | HEIKE THISSEN
Ingolstädter Geheimnisse
SPANNENDES AN SCHUTTER UND DONAU
MIT KENNERN DER STADTGESCHICHTE
PREIS-GEKRÖNTE BUCHREIHE
DONAUKURIER